Diez Métodos Para Estudiar La Biblia

POR
Dr. Bruce Lackey (Escritor)

Dr. Bob (Roberto) Green (Traductor)

DIEZ MÉTODOS PARA ESTUDIAR LA BIBLIA
© OCTOBER 2020 by
Dr. Bob C Green
Traducido y Publicado con el permiso de Mrs. Helen Lackey

Todas Las Escrituras de La Versión *Ten Ways to Study Your Bible* are from the *King James Bible*.
Toda la Escritura en español es de la versión Reina Valera. La versión, Diez Métodos Para Estudiar La Biblia fue revisada por Dr. José Torrez y Elizabeth Garrett.

ISBN: 978-1-7347481-6-1

Todos los derechos reservados. Ninguna porción de este libro podrá ser reproducida, almacenada en ningún sistema de recuperación, o transmitida en cualquier forma o por cualquier medio – mecánicos, fotocopias, grabaciones u otro – excepto por citas breves en revistas impresas, sin autorización previa por escrito de la editorial.

Editado y Formateado Por:
The Old Paths Publications
www.theoldpathspublications.com
TOP@theoldpathspublications.com
April 2020

La Dedicación

Esta versión en español del libro: *TEN WAYS TO STUDY YOUR BIBLE* BY Dr. Bruce Lackey se dedica a su esposa fiel,

Mrs. Helen Lackey

El ÍNDICE:

La Dedicación 3
El ÍNDICE: 4
LA INTRODUCCIÓN 5
CAPÍTULO UNO **6**
   LAS HERRAMIENTAS BÁSICAS PARA EL ESTUDIO DE LA BIBLIA 6
CAPÍTULO DOS **7**
   LOS REQUISITOS ESPIRITUALES PARA EL ESTUDIO DE LA BIBLIA 7
CAPÍTULO TRES **23**
   CÓMO ESTUDIAR UN LIBRO DE LA BIBLIA. 23
CAPÍTULO CINCO **43**
   CÓMO ESTUDIAR DEVOCIONALMENTE 43
CAPÍTULO SEIS **54**
   CÓMO ESTUDIAR USANDO EL MÉTODO DE MEDITACIÓN 54
CAPÍTULO SIETE **59**
   CÓMO ESTUDIAR UNA PARÁBOLA 59
CAPÍTULO OCHO **67**
   CÓMO ESTUDIAR A LOS PERSONAJES BÍBLICOS 67
CAPÍTULO NUEVE **75**
   CÓMO ESTUDIAR PARA SERMONES 75
CAPÍTULO DIEZ **80**
   CÓMO ESTUDIAR UN TEMA 80
CAPÍTULO ONCE **91**
   CÓMO ESTUDIAR UN "TIPO" 91
CAPÍTULO DOCE **98**
   CÓMO ESTUDIAR UNA PALABRA 98
CAPÍTULO TRECE **103**
   SUGERENCIAS ADICIONALES 103
SOBRE EL TRADUCTOR **105**

LA INTRODUCCIÓN

Estos materiales se han recibido y aprendido a través de varios años comenzando con un curso universitario que tomó el autor, Dr. Bruce Lackey. Él pudo añadir a estos apuntes y definir mejor las materias del estudio al servir como pastor y profesor. Dr. Lackey leyó muchos libros sobre el tema y aunque no copió nada del material estudiado, sí fue influenciado por su lectura. Este libro es también el resultado de muchos años de estudio bíblico personal para la preparación de materiales para clases bíblicas y mensajes que se predicarían. Son verdades prácticas y comprobadas. Muchos de los estudiantes de Dr. Lackey han dado testimonio del beneficio de aprendizaje que recibieron utilizando estos métodos. Dr. Bob Green, conocido entre los hispanos como Hno. Roberto, pudo añadir y clarificar algunos de los materiales al hacer la traducción al español.

La oración de Dr. Lackey era que el Espíritu Santo, quien inspiró y motivó a los santos hombres escribir las Sagradas Escrituras, pudiera usar las palabras del librito para la edificación del pueblo de Dios en todo el mundo. Es mi oración también, como traductor.

CAPÍTULO UNO
LAS HERRAMIENTAS BÁSICAS PARA EL ESTUDIO DE LA BIBLIA

1. Una Biblia Reina Valera de estudio; Thompson, Scofield, Wiersbe, Ryrie, etc. Nota: Para ahorrar más dinero no es necesario que estas Biblias de estudio sean forrados con cuero, ya que pueden dejarse en casa o el lugar de estudio.
2. Un diccionario bíblico.
3. Un diccionario de español
4. Una concordancia buena y completa que da las definiciones de las palabras hebreas y griegas. Se recomienda la Nueva Concordancia Exhaustiva de James Strong.
5. Un Manual Compendio de La Biblia por Unger.
6. Unos comentarios bíblicos escritos por autores con sana doctrina bíblica, fundamental.
7. Para los que tienen conocimiento del idioma griego, pueden conseguir un Nuevo Testamento "Texto Recibido." La Concordancia sirve el mismo propósito.

CAPÍTULO DOS
LOS REQUISITOS ESPIRITUALES PARA EL ESTUDIO DE LA BIBLIA

Los requisitos para aprender la verdad de La Biblia son principalmente espirituales, y no intelectuales. Por esta razón no es la falta de preparación académica o los éxitos intelectuales que impiden que logremos conocimiento de la Palabra de Dios, sino la falta de una, dos o más de las siguientes cosas:

1. **El primer requisito es que uno debe ser salvo. (1 Corintios 2:14)**
   "Pero el hombre natural no percibe las cosas que son del Espíritu de Dios, porque para él son locura, y no las puede entender, porque se han de discernir espiritualmente."

   El hombre (y la mujer) **natural** que se menciona en este versículo, es aquel que sólo ha tenido el nacimiento físico, natural; que no ha experimentado el nacimiento sobrenatural que el Señor Jesucristo menciona como necesario en Juan 3:7. El Señor dijo: "Es necesario nacer de nuevo." Toda persona necesita experimentar el "nacimiento nuevo, espiritual" por confiar en Cristo como Salvador Personal. La palabra "natural" se usa en 1 Corintios 15:44 y 46 para describir el cuerpo físico, en contraste al cuerpo espiritual.

El uso de la palabra provee información adicional en cuanto al hombre natural; él que es gobernado o controlado por su naturaleza vieja (no regenerada por el nuevo nacimiento de Juan 3:3-5). Muchas personas creen que el ser humano no es más que "un cuerpo de carne y hueso"; creen que la mente es el cerebro, de tal manera que si se cambia el cerebro (alterado) físicamente, se afecta la mente. El hombre natural razona de esta manera.

Se nos enseña en Efesios 2:3— "…entre los cuales también todos nosotros vivimos en otro tiempo en los deseos de nuestra carne, haciendo la voluntad de la carne y de los pensamientos, y éramos por naturaleza hijos de ira, lo mismo que los demás"—que, antes de ser salvos, vivíamos para satisfacer los deseos de nuestro cuerpo. Vivir así impide que uno tenga conocimiento de la Palabra de Dios, porque a ese individuo le falta discernimiento espiritual.

CAPÍTULO DOS

Aunque el hombre natural, o no salvo (nacido de nuevo), puede aprender algunos versículos y verdades básicas de Las Escrituras, él no puede saber por experiencia lo que significa ser alimentado con La Palabra de Dios o ser fortalecido por el Espíritu, o recibir la seguridad de la salvación, porque él no puede experimentar estas cosas a través del cuerpo. Él está muerto espiritualmente y, por lo tanto, muerto a estas experiencias espirituales.

Si un individuo tiene dificultad en cuanto a entender aun las verdades básicas de La Biblia, la primera cosa que debe hacer es examinar su corazón a la luz de la Biblia para ver si en verdad es salvo. Algunas de las evidencias más comunes de que uno es en verdad salvo son:
a. La obediencia a la Escritura (1 Juan 2:3-5)
b. Amar a los hijos de Dios. (1 Juan 3:14)
c. Vencer al mundo. (1 Juan 5:14)
d. Llegar a ser una nueva criatura, ya que las cosas viejas pasan, y todas son hechas nuevas. (2 Corintios 5:17) La vida de un verdadero cristiano es diferente a la vida que vivía antes de creer en Cristo como Salvador.
e. Oír a Cristo por medio de las Escrituras. El Espíritu Santo de Dios que mora en el creyente, le enseña la Escritura (Juan 15:26;

16:13-14) y le influencia usando la Escritura para que siga a Cristo (Juan 10:27).

Si una persona descubre que no posee estas evidencias bíblicas básicas de la conversión, él o ella debe aconsejarse con un pastor, maestro de la Iglesia o una persona que sepa explicar el plan de Dios para la salvación.

a. El individuo debe reconocer su condición de pecador y confesarlo a Dios (1 Juan 1:9-10). Debe arrepentirse de haber pecado contra Dios y quebrantado la ley de Dios (Romanos 3:23).
b. Debe creer que Dios envió a Su Hijo Jesucristo a morir en la cruz y que Él pagó así por nuestros pecados (Juan 3:16).
c. Debe invocar el nombre del Señor (Romanos 6:23; 10:13).
d. En otras palabras, debe creer que Cristo murió por nuestros pecados, que fue sepultado, y que resucitó el tercer día conforme a las Escrituras (1 Corintios 15:1-4).
e. Por confiar en Cristo como Salvador personal, uno nace de nuevo.

Las Escrituras enseñan el camino de la salvación:

CAPÍTULO DOS

a. **Isaías 53:6** "Todos nosotros nos descarriamos como ovejas, cada cual se apartó por su camino; mas Jehová cargó en él el pecado de todos nosotros."
b. **1 Corintios 15:3-4** "...Que Cristo murió por nuestros pecados, conforme a las Escrituras; que fue sepultado, y que resucitó al tercer día, conforme a las Escrituras."
c. **Juan 1:12** "Mas a todos los que le recibieron, a los que creen en su nombre, les dio potestad de ser hechos hijos de Dios;" **De esta manera uno "nace de nuevo."**

Una vez que se resuelve este asunto de la salvación, el individuo puede proceder a otras características y experiencias espirituales.

2. **El segundo requisito es que uno no debe vivir una vida de carnalidad,** porque el cristiano carnal no es capaz de recibir la comida sólida (la vianda) de la Palabra de Dios (1 Corintios 3:1-4). Los recién convertidos tienden a ser carnales y se consideran "infantes o bebés" en Cristo. Estos bebés en Cristo, tantas veces tienen las características de niños pequeños. Como tales, tienen envidia de otros, causan divisiones entre los creyentes, y necesitan la leche de la Palabra

en vez de la comida sólida o la carne de la Palabra.

Dios usa estas dos clases de comida como símbolos de Su verdad. Arrojan luz sobre el tema, los dos símbolos. Los dos elementos, la leche y la carne, son del mismo animal y como tales tienen el mismo valor nutritivo. La diferencia es que la leche es predigestión y sirve para bebés, los cuales tienen un sistema de digestión no totalmente desarrollado. El cristiano inmaduro, infantil y carnal no puede digerir la Palabra porque se preocupa de sí mismo. Esa preocupación ego-céntrica produce envidia de otros que resulta en divisiones y pleitos. No tiene tiempo o deseo para el estudio de la Biblia, la oración o la obediencia, que son cosas necesarias para el crecimiento espiritual y la digestión de las Escrituras. Es por esa razón que alguien tiene que hacer por él lo que no puede hacer por sí mismo. Alguien tiene que darle el alimento espiritual en forma de leche, usando una tetera para bebé espiritual. Los cristianos carnales deben remediar el problema de su egoísmo y su vida concentrada en sí mismos, según lo que enseña Lucas 12:15 y Romanos 12:10. Si logran superar su carnalidad y niñez espiritual aplicando la Escritura a sus vidas, serán capaces de tomar la carne de la Palabra, la comida sólida, y gozarse con ella.

3. **El tercer requisito es poner por obra o práctica lo que se ha aprendido.**
"...pero el alimento sólido es para los que han alcanzado madurez, para los que por el uso tienen los sentidos ejercitados en el discernimiento del bien y del mal." Hebreos 5:14

La palabra "uso" significa "el uso habitual." Debemos poner en práctica lo que hemos aprendido de la Escritura, si hemos de discernir la carne de la Palabra. La Biblia habla de múltiples tiempos de oración (Salmo 55:17); culto y adoración regular (Lucas 4:16); y el dar semanalmente (1 Corintios 16:2). A la vez que practicamos nuestra fe, crecemos; la obediencia espiritual es el ejercicio espiritual, que nos capacita para discernir entre la buena y la mala interpretación de la Escritura.

4. **El cuarto requisito es tener fe.**
Hebreos 11:3 enuncia este principio cuando dice: "Por la fe entendemos haber sido constituido el universo por la palabra de Dios, de modo que lo que se ve fue hecho de lo que no se veía."

DIEZ MÉTODOS PARA ESTUDIAR LA BIBLIA

La creación divina, definitivamente es una enseñanza de la Escritura y tiene que entenderse y aceptarse por fe, ya que no puede probarse por la observación científica. (Nota: Aunque la existencia del Creador no se puede probar usando los métodos científicos, hay más que suficientes evidencias para que se crea que ÉL es.) El principio de "tener fe" se aplica a todas las verdades de la Palabra de Dios; primero debemos creer la Escritura y entonces podemos entenderla.

Usamos este principio diariamente en la vida rutinaria. Creemos en el poder de la electricidad y gozamos de los beneficios que nos provee. Sin embargo, la mayoría de nosotros no entendemos cómo funciona. Es verdad y se ve en nuestra confianza en los médicos, en los farmacéuticos y aun en los aviones, etc. De esta manera y aún más, debemos creer la Palabra de Dios cuando enseña las doctrinas claras en cuanto a la Trinidad (1 Juan 5:7), la Inspiración divina de las Escrituras (2 Timoteo 3:16-17), la resurrección corporal de Cristo (1 Corintios 15: 1-4), etc., aunque no entendemos como todo sucedió. Lo mismo es cierto de los pasajes problemáticos, como las diferencias numéricas en los libros de

CAPÍTULO DOS

los Reyes, y Crónicas, y en otros versículos difíciles. El primer requisito de Dios es que le creamos a ÉL, y eso, necesariamente incluye creer Su Palabra, la Santa Biblia. Si hay una fe firme que no dude, podemos esperar que nos llegue el entendimiento, cuando quiera Dios, y eso mientras le obedezcamos a ÉL.

5. **El quinto requisito incluye disciplina y estabilidad.**
Pedro menciona en 2 Pedro 3:16-17 un problema común, "...hablando en ellas de estas cosas entre las cuales **hay algunas difíciles de entender**, las cuales los indoctos e inconstantes tuercen, como también las otras Escrituras, para su propia perdición. Así que vosotros, oh amados, sabiéndolo de antemano, guardaros, no sea que arrastrados por el error de los inicuos, caigas de **vuestra firmeza."**

La palabra indocto significa "sin disciplina" o la falta de regularidad, el autodominio o control. Esta clase de persona es vacilante, inconstante, y voluble. En el libro de los Proverbios 24:21-22 hay una advertencia:

"Teme a Jehová, hijo mío, y al rey; no te entremetas con los veleidosos; porque su quebrantamiento vendrá de repente..."

Si hemos de evitar torcer las Escrituras para nuestra destrucción, debemos aprender la disciplina y la firmeza en nuestra fe. Un repaso de los comentarios hechos en el libro de Los Hebreos 5:14 y la obediencia a ellos nos ayudará establecernos con mejor disciplina (regularidad) y firmeza o estabilidad en nuestra vida cristiana.

6. **En Juan 7:17 hallamos el sexto requisito: debemos hacer la voluntad de Dios, si hemos de conocer Su doctrina.**
Cuando Cristo dijo; "El que quiera..." Él enfatizaba que la persona debe tener el "deseo." Hacer la voluntad de Dios no es cosa automática. Por esta razón se nos enseña en el libro de Colosenses 3:1-2 que:

"Si, pues, habéis resucitado con Cristo, buscad las cosas de arriba, donde está Cristo sentado a la diestra de Dios. Poned la mira en las cosas de arriba, no en las de la tierra."

Tenemos que decidir y dedicarnos a hacer estas cosas. Claro que Dios sabe si nuestro deseo es

CAPÍTULO DOS

sincero y genuino; si es, producirá lo verdadero. Por lo tanto, al aplicar el principio hallado en este versículo al estudio de la Biblia, debemos estudiar la Escritura con esta actitud: "Señor, deseo estudiar tu Palabra para que pueda obedecerte. Deseo conocer la Biblia para que pueda hacer lo que tú deseas que yo haga."

Cuando Dios ve tal actitud en nuestro corazón, Él, seguramente nos enseñará Su verdad. Sin embargo, si deseamos estudiar la Biblia meramente para satisfacer una curiosidad, o para ganar una discusión, o establecer una reputación, solo lograremos interpretar la Escritura equivocadamente. Dios no dio Su Palabra para esos motivos y propósitos.

7. **El requisito número siete se insinúa en Romanos 11:33, y es que debemos reconocer nuestras limitaciones humanas.**
"¡Oh profundidad de las riquezas de la sabiduría y la ciencia de Dios! ¡Cuán insondables son sus juicios, e inescrutables sus caminos!"

Es sabio recordar que esta declaración se hizo al final de un discurso de tres capítulos en cuanto a la doctrina de la elección. Algunas de las verdades de Dios son tan grandes en profundidad y alcance que nosotros no podemos comprenderlas plenamente, porque somos incapaces de hacerlo. No debemos desanimarnos por el hecho de que algunas verdades bíblicas siempre estarán un tanto más allá de nuestro alcance intelectual. Las doctrinas como *la elección, la Trinidad, y la encarnación de Cristo* han causado mucha controversia a través de los siglos, mayormente porque rehusamos admitir que nosotros, los hombres, no las podemos explicar. Es bueno recordar las palabras de Deuteronomio 29:29:

"Las cosas secretas pertenecen a Jehová nuestro Dios; más las reveladas son para nosotros y para nuestros hijos para siempre, para que cumplamos todas las palabras de esta ley."

De la misma manera que no se puede meter toda el agua del Océano Pacífico en un frasco de un litro, no podemos comprender a Dios en nuestras mentes finitas. Debemos creer la Palabra de Dios, entender lo que somos capaces de comprender, y luego reconocer nuestras limitaciones humanas.

CAPÍTULO DOS

8. **El octavo requisito se revela en 1 Juan 2:27 y es ser enseñado por el Espíritu Santo.**
Lucas 4:18 y Los Hechos 10:38 hablan de que Cristo fue ungido con el Espíritu de Dios. 1 Juan 3:24 y también 4:13 enseñan que todos los creyentes tienen al Espíritu Santo; y concluimos que la unción es del Espíritu. El versículo no enseña que no necesitamos maestros humanos, dado que Efesios 4:12 y 1 Corintios 12:28 muestran que Dios ha dado a algunas personas la habilidad de enseñar en las iglesias. El significado, de acuerdo con el contexto, es que ellos no tuvieron necesidad de sujetarse a los maestros que no formaron parte de la iglesia y, que habían dejado a los creyentes (v.19). Como todos los creyentes verdaderos, somos sacerdotes (1 Pedro 2:9); no tenemos que ser discípulos, esclavos de ningún hombre o grupo de hombres. Hemos de escuchar a maestros que enseñan la Palabra de Dios y luego debemos probar su enseñanza usando las Escrituras. Este es el significado obvio de 1 Tesalonicenses 5:20-22.
"No menosprecies las profecías. Examinadlo todo; retened lo bueno. Absteneos de toda especie de mal."

El Espíritu Santo usará a los hombres para enseñarnos, pero siempre será por palabras que Él ha dado en las Escrituras. (1 Corintios 2:13). Eso se ve por comparar a 1 Juan 2:27 con el versículo 24 del mismo capítulo.

Versículo 24, "Lo que habéis oído desde el principio, permanezca en vosotros. Si lo que habéis oído desde el principio permanece en vosotros, también vosotros permaneceréis en el Hijo y en el Padre."

Versículo 27, "Pero la unción que vosotros recibisteis de ÉL permanece en vosotros, y no tenéis necesidad de que nadie os enseñe; así como la unción misma os enseña todas las cosas, y es verdadera, y no es mentira, según ella os ha enseñado, permaneced en Él."

El versículo 27 dice que, si la unción nos enseña, permaneceremos en Él. Versículo 24 dice que si lo que hemos oído desde el principio permanece en nosotros, continuaremos en el Hijo y en el Padre. Por tanto, el Espíritu Santo nos enseña por medio de la Palabra que oímos en el principio.

A la vez que escuchamos a los maestros de la Biblia, leemos sus libros, y consideramos las Escrituras, tengámonos la actitud de dependencia en el Espíritu Santo de Dios para que nos ilumine y nos abra los ojos de nuestro entendimiento (Efesios 1:17-18).

9. **El último requisito se halla en Oseas 6:3.**
"Y conoceremos, y proseguiremos en conocer a Jehová; como el alba está dispuesta su salida, y vendrá a nosotros como la lluvia, como la lluvia tardía y temprana a la tierra."

Proseguir es ser persistente. Si persistimos en estos requisitos podemos, con confianza, esperar aprender y conocer bien la Palabra de Dios. Los siervos selectos de Dios han aprendido el valor de la persistencia. Un poco antes de morir atacada por un adicto a las drogas (Opium), Lilian Hamer, misionera en Tailandia, escribió estas palabras:

Mi mano está en el arado, mi mano vacilando y débil,
Pero delante de mí hay una tierra no arada.
El yermo y el lugar solitario,
El desierto con su área insignificante.
Cual cosecha tengo yo, sino ese grano pobre.

DIEZ MÉTODOS PARA ESTUDIAR LA BIBLIA

Estas reducidas cáscaras, un puñado de maíz seco;
Estos pobres tallos malos, mi valentía falta.
Guárdame de volver atrás.
Las manecillas del arado se mojan con mis lágrimas;
Las tijeras oxidadas se cubrían deterioradas
Y aún – y aún
¡Mi Dios! ¡Mi Dios! ¡Guárdame de volver atrás!

CAPÍTULO TRES
CÓMO ESTUDIAR UN LIBRO DE LA BIBLIA.

1. Hay que leer el libro que estudiará de principio a fin por lo menos diez veces, preferiblemente usando una Biblia no marcada y con letra grande. De esta manera puede evitar distracciones. Para comenzar, es sabio escoger un libro corto.
2. Hay que separar las Escrituras en párrafos y dar a cada párrafo un título. Esto puede hacerse anotando los párrafos marcados en su Biblia. Usted puede anotar sus propias divisiones de párrafos haciendo lo siguiente:
   a. Hay que buscar cambios obvios del tema. Por ejemplo, la mayoría de los personajes en la epístola a los Hebreos se mencionan en solo un versículo, pero Abraham y Sarah se mencionan usando los versículos 8-19; Moisés y sus padres en los versículos 23-29.
   b. Busque las palabras que indican un cambio; palabras como:
   1) "Ahora" –2 Corintios 6:2
   2) "Así que, amados" – 2 Corintios 7:1; Filipenses 4:1; 1 Pedro 2:11
   3) "Asimismo" – 1 Timoteo 3:8,11
   4) "Por lo demás" – 2 Corintios 13:11; Efesios 6:10; Filipenses 3:1; 4:8; 2 Tesalonicenses 3:1

Estas palabras, generalmente, indican un nuevo párrafo, aunque hay excepciones.
    c. Hay que comparar sus párrafos con los de una Biblia de estudio, como la de Scofield y Thompson. Si tiene dificultad, usted puede ver un ejemplo más adelante.
3. Haga una lista de las palabras y frases repetidas y la referencia donde aparecen.
4. Haga una lista de lo que se enseña referente cada persona de la Trinidad, y las referencias de cada una.
5. Haga una lista de la información y las referencias en cuanto al escritor del libro. (Nota: Dios es el Autor.) Esta información puede incluir su nombre y también sus circunstancias (en prisión), sus planes, etc.
6. Haga una lista de los personajes a que describe el libro, su información y las referencias bíblicas (capítulo y versículo).
7. Haga una lista de la información que indica la fecha de la redacción y las referencias. Muchas veces esta información es muy general; sin embargo, vale la pena anotarla.
8. Anote la información referente al motivo o al propósito porque se escribió el libro. Siempre hay que anotar las referencias.
9. Hay que identificar el tema o temas principales del libro. Puede haber más que un tema, pero nunca más de tres o cuatro.
10. Anote un bosquejo sencillo del libro. En seguida hay unas sugerencias en cuanto a bosquejar.

a. Hay que usar los párrafos que usted identificó en la actividad número dos.
b. No tenga demasiados puntos en el bosquejo del libro.
c. Mantenga las frases consistentes.
Por ejemplo: No diga; I. El Escritor II. A Quienes Se Escribió.
Pero; I. El Escritor. II. Los Destinatarios; o; I. El Que Escribió. II. Los Destinatarios
d. Los puntos principales no deben repetirse, como:
I. La Gracia.
   A. La Gracia
   B. La Misericordia.
   C. La Paz.
En este caso, o debe cambiarse el punto principal "La Gracia" o el punto "A" debe eliminarse.
e. El punto principal debe describir o identificar toda la sección; los puntos secundarios deben describir cada párrafo en la sección. Los puntos secundarios serán oraciones contenidas en el párrafo. Véase el ejemplo comenzando en la página 25.

Un Ejemplo del Método de Estudiar Un Libro: 1 Pedro

1. La epístola de 1 Pedro se ha leído por lo menos diez veces, de principio a fin.
2. Los párrafos:

a. 1:1-2 La introducción
b. 1:3-12 Alabanza por las bendiciones de Dios en nuestras vidas
c. 1:13-25 Exhortación a la santidad
d. 2:1-10 Nuestra relación con Dios
e. 2:11-25 Nuestra relación con los no-creyentes
f. 3:1-7 Las relaciones matrimoniales
g. 3:8-12 Actitudes en cuanto a la maldad
h. 3:13-4:19 Actitudes en cuanto al sufrimiento por la justicia
i. 5:1-4 Instrucciones a los ancianos
j. 5:5-9 Exhortaciones generales
k. 5:10-14 Comentarios de clausura

3. Las palabras y frases repetidas:
   a. La gracia – 8 veces (1:2, 10,13; 3:7; 4:10; 5:5, 10, 12)
   b. La fe – 9 veces (1:5, 7, 8, 9, 21; 2:6, 7: 5:9)
   c. La salvación – 6 veces (1:5, 9, 10, 20; 3:21; 4:18)
   d. El sufrimiento – 15 veces (1:11; 2:19, 20, 21, 23; 3:14, 17, 18; 4:1, 13, 15, 16, 19; 5:1, 10)
   e. Gloria – 12 veces, (1:7, 8, 11, 21; 2:20; 4:13, 14; 5:1, 4, 10, 11)
   f. Amor – 6 veces (1:8, 22; 2:17; 3:8, 10)
   g. Alma – 6 veces (2:11, 25; 1:9, 22; 3:20; 4:19)
   h. Gozo, regocijarse – 5 veces (1:6, 8; 4:13)

4. Las enseñanzas referentes a cada persona de la deidad/Trinidad:
   a. El Padre
      1:2, La elección se basa en la presciencia de Dios Padre.

CAPÍTULO TRES

1:3, Nos hizo renacer, según su grande misericordia.
1:5, Él nos guarda con su poder.
1:15, Él que nos llamó es Santo.
1:17, "...Padre a aquel que sin acepción de personas juzga según la obra de
cada uno..."
1:21, Él es el objeto de nuestra fe y esperanza.
1:23, Su Palabra produce el nuevo nacimiento y es incorruptible.
1:25, Su Palabra permanece para siempre.
2:3, Él es benigno.
2:4, Dios Padre nos ha escogido.
2:5, Él nos acepta.
2:9, Él nos llamó de las tinieblas a Su luz.
2:10, Él tiene su pueblo.
2:12, Él visitará.
2:15, Él desea que nos sometamos a toda institución humana.
2:17, Debemos temerle a Dios.
2:20, Él aprueba nuestro sufrimiento cuando sufrimos por lo bueno.
3:4, Él estima grandemente el espíritu afable y apacible.
3:12, Él ve a los justos y está atento a sus oraciones.
3:15, Debemos santificarle a Él en nuestros corazones.
3:17, Él desea que algunos sufran para el bien y no haciendo el mal.
Compárase con 4:19.

4:11, Él da habilidades a sus siervos para que Él sea glorificado por Jesucristo.

4:17, Él tiene una casa. Compárese 2:5, 10 (a Personas), 5:2 (a Su grey), y 5:3 (a los que están bajo su cuidado).

4:19, Él es fiel Creador.

5:5, Él resiste a los soberbios; da gracia a los humildes.

5:6, Él tiene una mano poderosa.

5:7, Él tiene cuidado de usted.

5:10, Él es el Dios de toda gracia; nos ha llamado a su gloria eterna por Jesucristo; Él nos perfeccionará, afirmará, fortalecerá, y establecerá.

5:11, A Él sea la gloria y el imperio por los siglos de los siglos.

b. El Hijo.

1:2, Se rocía Su sangre.

1:3, Él resucitó.

1:7, Será manifestado.

1:13, Será manifestada en Su venida.

1:19, Su sangre nos redimió; es preciosa; Él es el cordero de Dios sin mancha y contaminación.

1:20, Él fue destinado desde antes de la fundación del mundo, pero fue manifestado en estos postreros días.

1:21, Por Él podemos creer en Dios.

2:6, Él es la piedra principal del ángulo, escogida y preciosa, puesta por Dios.

2:8, Él es piedra de tropiezo, piedra desechada por los edificadores.

2:21, Él sufrió por nosotros; compare 4:1. Nos dejó un ejemplo.

2:22, No cometió pecado, no se halló engaño en su boca.

2:23, No respondió con maldición, cuando padecía no amenazaba; se encomendaba al Padre, Él que juzga justamente.

2:24, Él llevó nuestros pecados en Su cuerpo sobre el madero.

2:25, Él es el Pastor y Obispo de nuestras almas.

3:18, Él padeció una sola vez por pecados, el justo por los injustos. Murió en la carne.

3:19, Él predicó a los espíritus encarcelados.

3:22, Él subió al cielo, y está a la diestra de Dios. Él reina sobre los ángeles, autoridades, y potestades.

4:5, Está preparado para juzgar a los vivos y a los muertos.

5:4, Es el Príncipe de los pastores y dará una corona de gloria a los ancianos fieles.

c. El Espíritu Santo

1:2, Él santifica.

1:11, Él es llamado el Espíritu de Cristo; Él nombra y testifica de los profetas, el sufrimiento de Cristo y Su gloria.

1:12, Él capacita a los que predican el evangelio; Él fue enviado desde el cielo por Dios Padre.

1:22, Él nos capacita para obedecer la verdad.
3:18, Él vivificó a Cristo en espíritu.
3:19, En Él, Cristo predicó a los espíritus.
4:14, Él reposa sobre los que son vituperados por el Nombre de Cristo.

5. La información sobre el escritor.
1:1, Era un apóstol de Jesucristo.
1:3, Era renacido.
2:11, Amaba a quienes él escribió. Compárese 4:12.
5:1, Era un anciano; no se consideró a sí mismo más que los otros. Fue un testigo de los padecimientos de Cristo; partícipe de la gloria que se revelará.
5:12, Él escribió por conducto de Silvano, y le usó como amanuenses (secretario).
5:13, Él era el padre de Marcos. Si el Marcos mencionado es Juan Marcos entonces él es padre espiritual.

6. La información en cuanto a los recipientes de la epístola.
1:1, Llamados los "expatriados de la dispersión." (Compárese 2:11.) Se encontraban en Ponto, Galacia, Capadocia, Asia y Bitinia.
1:2, Eran cristianos. (Compárese 1:3, 22-23; 5:12.)
1:6, Afligidos en diversas pruebas. (Compárese 4:12.)
1:8, Amaban a Jesucristo sin haberle visto. Se alegraban en Él.
2:10, No eran "pueblo" antes de su conversión.
2:18, Algunos eran esclavos (siervos).

3:1, Algunas tuvieron maridos no-creyentes.

4:3, Anduvieron en lascivias, concupiscencias, embriagues, orgías, disipación, abominables idolatrías antes de su conversión.

4:4, Ellos cambiaron cuando conocieron a Cristo.

5:1, Hubo "ancianos" y por lo tanto debía haber iglesias organizadas.

5:2-3, Llamados "la grey de Dios."

7. No hay información sobre la fecha de composición.
8. Las razones porque se escribió la epístola.

1:6-7, Para animarlos en sus pruebas. (Comparece 2:18-25; 3:14-18; 4:1-4, 12-19; 5:10.)

1:13-16, Para animarlos ser santos en su vivir.

1:22, Para animarlos a que amaran el uno al otro. (Comparece 4:8-19.)

2:1-2, Animarlos a aprender la Palabra, la leche.

2:11-17, Instruirles a mantener una buena manera de vivir entre los gentiles.

3:1-7, Instruirles en cuanto a las relaciones matrimoniales.

5:1-4, Animar a los ancianos a instruir.

9. El tema principal: (5:12) Amonestarles en sus pruebas y testificarles que "esta es la verdadera gracia de Dios."
10. El bosquejo de la epístola.

Capítulo Uno: 1 Pedro
1) **La Introducción:** 1:1-2
    1:1, Pedro
    1:1-2 Los expatriados
2) **La Salvación:** 1:3-9

A. La Fuente: Dios 1:3
   B. La Base: misericordia 1:3
   C. La Descripción: renacidos 1:3
   D. El Medio: la resurrección 1:3
   E. La Meta: una herencia 1:4
   F. El Poder: la fe 1:5
   G. El Problema: ser aprobados 1:6
   H. El Propósito: alabanza, gloria, y honor 1:7
   I. El Gozo: alegría
   J. El Fin: 1:9
3) **Las Escrituras:** 1:10-25
   A. Los Instrumentos: los profetas 1:10
   B. El Contenido: la gracia 1:10
   C. El Autor: El Espíritu 1:11
   D. La Manera: escudriñar – indicaba y anunciaba 1:11
   E. El Tema: el padecimiento y la gloria 1:11
   F. La Maravilla: 1:12
   G. La Aplicación: 1:13-23
   H. La Preservación: 1:23-25

Capítulo Dos: 2:2-25
1) **Hambre Para La Palabra:** 2:1-3
   A. Por Razón de Lo Que Se Enseña: 1:11 y 2:23-25
   B. Desechando Toda Malicia: 2:1
   C. Niños Recién Nacidos: 2:2
   D. La Leche Espiritual de la Palabra: 2:2
   E. Los Que Habían Gustado: 2:3
2) **La Casa (Edificio) de Dios:** 2:4-10

    A. Los Que Llegaron A La Piedra Viva Milagrosa: 2:4
    B. Los Que Son Milagrosos También – Piedras vivas: 2:5
    C. Donde Mora Dios: 2:5
    D. Para Ofrecer Sacrificios Espirituales: 2:5
    E. Edificados Sobre La Piedra del Ángulo: 2:6-8
    F. Linaje Escogido: 2: 9-10
3) **La Buena Manera de Vivir:** 2:11-25
    A. Delante de Todos, 2:11-12
    B. Someterse Al Gobierno, 2:13-17
    C. Someterse A Los Amos, 2;18-25

Capítulo Tres: 3:1-22
1) **El Hogar:** 3:1-7
    A. Esposas, 3:1-6
    B. Maridos, 3:7
2) **La Iglesia:** 3:8-12
    A. La Unidad, 3:8-12
    B. La Compasión, 3:8-9
    C. Los Resultados, 3:10-12
3) **El Mundo:** 3:13-22
    A. La Posibilidad de Sufrir, 3:13-14
    B. La Reacción, 3:15-16
    C. El Propósito del Sufrimiento, 3:17
    D. Un Ejemplo del Sufrimiento, 3:18-22

Capítulo Cuatro
1) **La Voluntad de Dios En Cuanto A La Santificación:** 4:1-6

- A. El Pensar Correcto, 4:1-2
- B. El Contraste, 4:2-5
- C. El Sufrimiento, 4:6

2) **La Voluntad de Dios Referente Al Servicio:** 4:7-11
   - A. El Fin Se Acerca, 4:7
   - B. Tener Amor ferviente, 4:8
   - C. Hospitalario, 4:9
   - D. Según El Don de Cada Uno, 4:10-11

3) **La Voluntad de Dios Referente Al Sufrimiento:** 4:12-19
   - A. No Sorprenderse, 4:12
   - B. Eso Trae Gozo de La Venida del Señor, 4:13
   - C. El Espíritu Reposa Sobre Nosotros, 4:14
   - D. Evitar Entrometerse, 4:15
   - E. Se Glorifica Dios, 4:16
   - F. El Sufrimiento Dura Toda La Vida, 4:17
   - G. Muestra Al Impío Lo Que Enfrentará, 4:18
   - H. Hay Que Encomendar El Alma Al Creador, 4:19

Capítulo Cinco

1) **Deberes de Los Ancianos:** 5:1-4
   - A. Someterse A La Exhortación, 5:1
   - B. Apacentad La Grey de Dios, 5:2
   - C. Cuidar de La Grey de Dios, 5:2-3
   - D. Esperar Las Recompensas, 5:4

2) **Los Deberes de Todos Los Cristianos:** 5:5-9
   - A. Someterse A Los Ancianos, 5:5
   - B. Humillarse, 5:5-6
   - C. Echar Toda Ansiedad Sobre ÉL, 5:7

CAPÍTULO TRES

    D. Ser Sobrios, 5:8
    E. Velad, Porque Hay Adversario, 5:8
    F. Resistir Al Adversario, 5:9
3) El Clímax de Dios: 5:12-14, Comentarios Varios

CAPÍTULO CUATRO
CÓMO ESTUDIAR UN CAPÍTULO BÍBLICO

1. Leer el capítulo por lo menos 10 veces sin parar para anotar apuntes o buscar versículos paralelos. Si es posible leer el capítulo en su totalidad dos o tres veces en seguida.
2. Anotar el pensamiento o los pensamientos principales. Por ejemplo: el pensamiento principal de Hebreos 11 es la fe; y el de 1 Corintios 13 es la caridad o amor; 1 Tesalonicenses 4 tiene dos: la santificación (4:1-12) y la segunda venida de Cristo (13-18).
3. Haga una lista de los versículos que le impresionan más en cuanto a animarle, o que le revelan algo o le corrigen.
4. Haga una lista de los individuos nombrados, o la clase de personas que se mencionan, y anote la información que se da sobre cada uno.
5. Si hay mandamientos, hay que anotarlos.
6. Si hay promesas también anotarlas.
7. Si hay lecciones, hay que anotarlas.
8. Haga una lista de palabras sobresalientes que se repiten y anote los versículos donde se mencionan.
9. Hay que definir palabra desconocidas. Se puede usar La Concordancia de Strong o un diccionario del idioma español.

10. Hay que ver si el capítulo es 1) autónoma o si, 2) es la continuación de algún otro capítulo anterior, o 3) la introducción de un capítulo que ha de seguir.

11. Hay que hacer listas de lo que se enseña en cuanto al Padre, el Hijo y el Espíritu Santo, y dar los versículos donde se halla cada enseñanza.

12. Hay que resolver los problemas doctrinales que usted descubra y referente cualquier versículo en el capítulo por medio de las siguientes acciones:

   a. Haga una lista de las enseñanzas obvias en el versículo.

   b. Use pasajes paralelos que se indican en el margen (o columna central) de su Biblia o del "tesoro" de conocimiento bíblico.

   c. Hay que definir las palabras.

   d. Estudie el versículo en su contexto.

13. Haga un bosquejo usando la información aprendida de los puntos 2, 4, 5, 6, 7, 8, y 11.

Un Ejemplo del Método de Estudiar Un Capítulo: 1 Tesalonicenses 3

1. ¿Ha leído el capítulo diez veces?

2. El Pensamiento Principal: Pablo se ocupaba por la fidelidad de los tesalonicenses.

3. El versículo 5 demuestra que él quería que ellos fueron fieles y consistentes como cristianos; que no fueron fieles o menos significaría que él había trabajado en vano. El versículo 10 revela que aun los cristianos que tenían grandes características

como ellos (3:6-8) necesitaban ser mucho más fieles.
4. Las personas que se mencionan:
   a. Pablo es prominente, aunque no se nombra.
      1) Él envió a Timoteo para animar a los tesalonicenses, 3:1-5.
      2) Recibió consolación por el buen informe de Timoteo, 3:6-8.
      3) Él oró por ellos, 3:9-10.
      4) Él deseaba verlos y ayudarles a progresar espiritualmente 3:11.
   b. Timoteo
      1) Hermano de Pablo, 3:2
      2) Un ministro de Dios, 3:2
      3) Colaborador con Pablo, 3:2
      4) Enviado por Pablo para ayudar a los tesalonicenses, 3:2
      5) Dio informe animador, 3:6
      6) Compartió la consolación con Pablo, 3:7-10
   c. Se mencionan los tesalonicenses, pero no por nombre.
      1) Tuvieron fe y caridad, 3:6.
      2) Recordaron a Pablo y a Timoteo, y tuvieron deseo de verlos otra vez.
5. No hay mandamientos en el capítulo.
6. No hay promesas en el capítulo.
7. Las lecciones:
   a. Estamos puestos para sufrir, 3:3-4.
   b. Si el tentador logra tentarnos, se derrota la meta de que nos ganó para Cristo, 3:5.

CAPÍTULO CUATRO

    c. Los que ganan almas deben preocuparse porque esos nuevos convertidos sigan con el Señor, 3:2, 6-8.
    d. Los ganadores de almas deben orar por sus convertidos, 3:10.
    e. Deben confiar en Dios el Padre, el Señor Jesucristo, y el Espíritu Santo, que nos pueden dirigir, 3:11.
    f. El Señor desea que nuestro amor para los demás crezca, 3:12.
    g. El amor de Pablo para los tesalonicenses es nuestro ejemplo en cuanto a amar los unos a los otros, 3:12.
    h. Que nuestros corazones sean afirmados irreprensibles en la venida del Señor Jesucristo, 3:13.
8. Las palabras repetidas:
    a. Consolación, 3:2,7
    b. Fe, 3:2,5,6,7,10
    c. Confirmar, 3:2,13
9. Palabras que deben definirse: "soportar" (3:1, 5). Quiere decir cubrir con silencio o aguantar con paciencia. Se traduce, sufrir, y aguantar.
10. ¿El capítulo queda "solo"? No, porque las palabras "Por lo cual" lo conecta al capítulo anterior y expone más ampliamente la idea del amor sincero de Pablo para ellos.
11. La enseñanza sobre las tres personas de la Trinidad:
    a. Dios Padre
        1) Él tiene ministros, 3:2.

2) Las oraciones se dirigen a Él, 3:9-10.
3) Nos dirige, 3:11.
   b. **Cristo**
1) El Evangelio es Suyo, 3:2.
2) Dirige nuestros caminos, junto con el Padre, 3:11.
3) Afirma nuestros corazones, 3:13.
4) Vendrá otra vez con Sus santos, después de la Tribulación, 3:13.
   c. **El Espíritu Santo** no se menciona.
12. Problemas de doctrinas que necesitan resolverse: Cuando el versículo 3:5 dice: "no sea que os hubiese tentado el tentador, y que nuestro trabajo resultase en vano," ¿enseña que el creyente pierde la salvación cuando se entrega a la tentación? El problema se resuelve haciendo lo siguiente:
    a. La enseñanza obvia:
1) Pablo deseaba conocer su fe.
2) El tentador había usado varios medios para tentarlos.
3) Si ellos se hubieran entregado a la tentación, el trabajo de advertirlos del apóstol Pablo hubiera resultado en vano.
    b. Las palabras "resultase en vano" refieren a una vida de servicio. El tema es el servicio al Señor y no la salvación. También en 2 Corintios 6:1-3 las palabras se usan para hablar de vivir sin ofensa o causar que el ministerio sea afectado negativamente. Pablo habla del "servicio y no de la salvación."

c. La definición de las palabras "en vano" se halla en La Concordancia de Strong, #2756 y se traduce "vacíos" en Marcos 12:3. La labor de Pablo hubiera sido "vacía" si ellos no servían al Señor. Las obras de ellos serían destruidas en el fuego del juicio del Tribunal de Cristo (1 Corintios 3:13-15). Por lo tanto, no recibirían recompensas. Eso dejaría un punto vacío en el registro de servicio del apóstol Pablo. Juan 2:8 demuestra que compartimos en las vidas de los que ganamos para Cristo.

13. El contexto demuestra que Pablo tenía confianza en el hecho de la salvación de ellos.
    a. Él sabía que eran de Dios, 1:4.
    b. Él estaría regocijándose en ellos en la segunda venida, 2:19.
    c. Eso no sería cierto si ellos de alguna manera se perdieran.
    d. Él se preocupaba más por su fe (3:3, 6, 7,10), su amor (6,12), y su progreso (12). El punto es que, no es una cuestión de la salvación (por la gracia) sino de sus obras.

14. Algunos bosquejos para este capítulo:
    a. Basándose en el número 2 del capítulo 4, el pensamiento principal: El cuidado del apóstol Pablo por ellos.
       1) Enviar a Timoteo, 3:1-5
       2) Recibir el informe de Timoteo, 3:6-8
       3) Orar por ellos, 3:9-10
       4) Su deseo de visitarlos, 3:11-13
    b. Según, o basándose en el número 4:

1) La preocupación de Pablo, 3:1, 5, 6-13
2) La visita de Timoteo, 3:2, 6
3) La obediencia de los de Tesalónica, 3:6-8
c. Basándose en el número 7: En esa lección tenemos el bosquejo.
d. Basándose en el número 8:
   1) Confort o consolación
      a) Para los tesalonicenses, 3:2
      b) Para Pablo, 3:7
   2) Fe
      a) La confirmación de su fe, 3:2
      b) Su fe fue atacada por Satanás, 3:5
      c) Su fe firme, 3:6
      d) Su fe fue animada por Pablo, 3:7
      e) Su fe necesitaba perfeccionarse, 3:10
   3) La confirmación de su fe
      a) Realizado por Timoteo, 3:2
      b) Realizado en Cristo, 3:13

CAPÍTULO CINCO
CÓMO ESTUDIAR DEVOCIONALMENTE

1. Leer el pasaje por lo menos 10 veces. Los grandes predicadores del pasado leían un pasaje 10, 20 y hasta 50 veces antes de dedicarse a la exposición del pasaje. El propósito de estudiar la Biblia es la "saturación" de la mente y el corazón de uno con cada palabra de las Escrituras.
2. Hay que buscar la definición de cada palabra no conocida. Puede servir un diccionario del idioma española que da definiciones de palabras fuera de uso o que tiene definiciones de palabras antiguas, pero la herramienta mejor sería una Concordancia de Strong. Hay que buscar la palabra y su uso en el versículo que usted está estudiando. Hay que fijarse en el número asociado con la palabra en el versículo. Hay que buscar este número en la sección de la concordancia donde se encuentra. A veces viendo estas traducciones le dará una definición mejor. Por ejemplo, la palabra "preceder" en 1 Tesalonicenses 4:15 es de #5348 y es traducido "escapar, llegar, alcanzar, venir, y estar de antemano." Por lo tanto, vemos que la definición es "llegar antes." La definición antigua de la palabra fue "ir delante."
3. Resolver todo problema doctrinal:
    a. Escribiendo la enseñanza obvia del pasaje.
    b. Usando pasajes paralelos de su Biblia de Referencia o de otros libros.

    c. Definiendo la palabra, así como se enseña en el párrafo anterior, teniendo cuidado de no olvidarse de las palabras sinónimas.

    d. Traducir el versículo en su contexto.

4. Escribir el pasaje usando palabras propias, usando la información lograda por los números 2 y 3. Esto no sirve para corregir o mejorar la versión Reina Valera, sino para ver si uno entiende el pasaje. No es malo poner las Escrituras en las palabras propias de uno o parafrasearlas cuando lo hace para edificar a otros o para hacer una aplicación a su vida. Mateo 4:15-16 es una paráfrasis de Isaías 9, versículos 1 y 2. El Espíritu Santo da este ejemplo de cómo Él parafrasea un pasaje del Antiguo Testamento en el Nuevo Testamento. Seguramente debemos tener cuidado de no cambiar el sentido, ni la verdad bíblica.

5. Escribir el pasaje en "primera persona." Ejemplo: Juan 3:16 se leería, "Porque de tal manera Dios me amó a mí, que ha dado a Su Hijo Unigénito, para que sí yo creo en Él, Yo no me pierda, más tenga vida eterna." El propósito de hacer esto es sacar el provecho personal de cada versículo.

6. Memorizar el versículo o versículos del pasaje que más le hable a su corazón al estudiar el pasaje.

Un Ejemplo del Método de Estudiar Devocionalmente: 2 Corintios 5:1-10

1. ¿El pasaje se ha leído diez veces?

CAPÍTULO CINCO

2. Las únicas palabras no claras son las palabras, "mientras tanto" que significan sencillamente "mientras". Nota: este ejemplo viene de la *Biblia King James,* y no tenemos el problema en la versión Reina Valera.
3. Varios problemas:
    a. Problema #1: Se pregunta, en los versículos 1-4 ¿La Escritura está refiriéndose a "un cuerpo temporal que tendrá el cristiano antes de la resurrección o al cuerpo resucitado, o a una ciudad celestial? La solución:
    1) Primero, damos la enseñanza obvia. El versículo 1 demuestra que el edificio, casa, morada, es de Dios, que es eterno, en los cielos, y el versículo dos dice que es del cielo.
    2) Unos versículos paralelos: Los más significantes son los de Juan 14:2-3 que describen las mansiones (moradas) que se preparan para nosotros por Cristo, y Hebreos 11:10 que nos habla de una ciudad, cuyo constructor es Dios.
    3) Hay que definir ciertas palabras. La palabra "casa" es identificada por Strong en su Concordancia con #3614. Aprendemos que la palabra griega también se traduce "casa" (Mateo 8:6 y Filipenses 4:22). Como estos versículos y palabras no nos ayudan con la interpretación de nuestro pasaje, nos limitamos a la palabra "casa" (morada). Mateo 7:24 la usa para referirse a un

edificio, mientras Mateo 12:25 y Juan 4:53 la usan para referirse a una familia. La palabra sinónima "edificio" se refiere al cuerpo total de Cristo (1Corintios 3:9; Efesios 2:21) y el "templo" (Mateo 24:1). La palabra se traduce "morada" en 5:2, "habitación" en Judas 6, y refiere a un hogar (morada propia) donde viven los ángeles "que no guardaron su dignidad y cayeron." También Pedro usa la palabra "cuerpo" y la palabra griega es de la misma raíz.

4) En el contexto, hay un contraste entre los cuerpos terrestres y celestes: Véase 2 Corintios 4:7, 10, 14, 16 y 18.

Conclusión: Aunque la palabra podría referirse a una ciudad celestial, es más probable que se refiera al cuerpo resucitado, por qué:

a) El contexto ha demostrado el contraste entre los cuerpos terrestres y celestiales, y la palabra "Porque" en 5:1 definitivamente asocia este capítulo con el capítulo anterior.

b) Pedro usa la palabra "tabernáculo" (cuerpo) en una manera similar.

c) Filipenses 3:20-21 y 1 Corintios 15:42-49 también presentan el contraste entre los cuerpos terrestres y celestiales.

d) La posibilidad de vestirnos con nuestro tabernáculo (edificio o vestido) celestial y ser revestidos siendo todavía desnudos (2 Corintios 5:1-3). Parece que esto se refiere al lino fino que llevarán los santos o creyentes en las Bodas del Cordero (Apocalipsis 19:8) el cual revela los hechos justos de los santos, más que la justicia de Cristo que nos ha dado. Por lo tanto, tenemos una advertencia en Apocalipsis 16:15 de que debemos "guardar nuestra ropa" y no andar desnudos (sin obras de justicia) y que otros vean nuestra vergüenza.

e) La frase "ser revestidos" en 1 Corintios 5:2-4 parece ser algo paralelo a 1 Corintios 15:53-54 que describe el cambio del cuerpo mortal en cuerpo inmortal.

El caso es que no hay evidencia aquí que ese cuerpo es un cuerpo **"intermedio."** El contraste es entre el cuerpo presente terrestre y el cuerpo resucitado. El cuerpo mencionado aquí es "eterno" (5:1). El pasaje dice que tenemos confianza referente a dos cosas: Tendremos un cuerpo resucitado glorificado; pero aún antes que eso cuando nos ausentemos de este cuerpo terrestre estaremos presentes con el Señor (2 Corintios 5:8).

b. Problema #2: ¿Enseña el versículo 9 que existe la posibilidad de que un cristiano sea rechazado y excluido del cielo? La Solución:
   1) El pasaje es demasiado corto para dar una lista de las enseñanzas obvias.
   2) Un pasaje paralelo, Efesios 1:6, muestra que Dios nos hizo aceptos en el Amado. Nuestra posición depende de Él. En Hebreos 12:28 se menciona la necesidad de servir a Dios en una manera aceptable.
   3) Ayuda mucho dar una definición de las palabras no muy conocidas. Aquí la palabra "procuramos" viene de la #5389 de Strong y se traduce "esforzarse" en Romanos 15:20 describiendo la predicación y el estudio. 1 Tesalonicenses 4:11 se refiriere a nuestros esfuerzos. "Serle agradables" viene de #2101 y se traduce "agradables" en Romanos 12:1. Aquí habla del cuerpo, que es santo, y en 12:2 de la voluntad de Dios, y en Efesios 5:10 habla de la clase de vida que es agradable, que confirma algo a otros. También en Filipenses 4:18 se usa de la ofrenda que los santos de Filipos enviaron a Pablo, y en Hebreos 13:21 se usa en relación a nuestras buenas obras hechas delante de Él por Jesucristo. En todos estos casos la expresión se refiere a nuestras obras.
   4) El contexto describe gráficamente la labor de Pablo para el Señor (Capítulo 4 y 5:11-

15, 20) pero en ningún momento deja en duda en cuanto a la certeza de la salvación, o que la salvación puede ser por las obras. Al contrario, muestra que Dios en Cristo, nos estaba reconciliando a sí Mismo, y el 21 describe nuestra posición de justos en ÉL, en Cristo.

Conclusión: El versículo 9 **no** enseña que nuestras obras determinen si Dios nos recibe en el cielo. Al contrario, debemos esforzarnos para que nuestras obras sean agradables y aceptas en el Tribunal de Cristo. Un pasaje paralelo al versículo 10 es 1 Corintios 3:12-15 que muestra que aun los creyentes cuyas obras no son agradables delante del Señor, son salvos. Así que no hay ninguna cuestión en cuanto a la salvación.

c. Problema #3: ¿Qué significan las palabras del versículo 10: "que reciba según lo que haya hecho... sea bueno o sea malo"? La solución:
1) La enseñanza obvia: recibimos de acuerdo con lo hecho, sea bueno o malo.
2) Un pasaje paralelo, Mateo 16:27 enseña que recibimos según nuestras obras. La expresión, "pagará a cada uno conforme a sus obras" significa que el Señor dará conforme a lo hecho. Se puede comparar eso con Colosenses 3:25 y Apocalipsis 2:23. 1 Corintios 4:5 indica que Dios "manifestará

las intenciones de los corazones," y así evaluará (juzgará) nuestras obras. 1 Corintios 3:12-15 y 2 Juan 8 revelan que el cristiano desobediente perderá recompensas que hubiera ganado.

3) Definiciones: #2865 de Strong "recibir" se usa en Hebreos 10:3-6 donde dice "recibir la promesa." Significa obviamente recibir el cumplimiento de la promesa. Por lo tanto, puede significar recibir una cosa a causa de otra cosa, o como resultado de otra cosa. La palabra "malo o mal" es la #2556 de Strong. En Mateo 24:28 se traduce "malo" y describe el siervo que golpea a otros y se emborracha; Marcos 7:21 la usa de malos pensamientos; Colosenses 3:5 la usa de pasiones desordenadas o de malos deseos; Santiago 3:8 la usa de la lengua no domada; en Romanos 14:20, se usa en relación al resultado de hacer algo malo y hacer tropezar a otros; en Hechos 16:28, Pablo la usa: "no te hagas ningún mal (o daño o herida)," refiriéndose a una herida que uno mismo produce; Romanos 13:10 es "no hacer mal al prójimo," describiendo el resultado de los hechos de un hombre en contra de su prójimo.

Conclusión: El versículo 10 enseña que las cosas malas, sean obras o pensamientos, tendrán consecuencias en el tribunal de

Cristo. Esas consecuencias se ven en 1 Corintios 3:12-15 y son la pérdida de recompensas que se hubieran recibido si la motivación no era mala. La motivación de uno tiene mucho que ver con recibir o perder recompensas. Los pecados del creyente fueron juzgados en la cruz cuando Cristo pagó por nuestros pecados.

El apóstol Pablo compara las obras buenas con oro, plata y piedras preciosas; pero compara las malas con la madera, heno y hojarasca. En el Tribunal de Cristo, las obras que se hicieron con una motivación incorrecta, al ser juzgadas o probadas "por fuego" serán destruidas en el fuego. Por lo tanto, no habrá ninguna recompensa por estas obras. El creyente "será salvo, aunque, así como por fuego" 1 Corintios 3:13-15.

4. Mis Palabras:
   a. Sabemos que, si nuestro cuerpo terrestre se deshiciere, tenemos de Dios un edificio, una casa no hecha de manos de hombres, eterna, en los cielos.
   b. Por eso gemimos, deseando ser revestidos de aquella habitación celestial nuestra.
   c. Deseamos ser vestidos del lino fino que representa nuestra justicia (obras de justicia) y no hallarnos desnudos y avergonzados.

d. Quisiéramos (gemimos) en este cuerpo y deseamos no ser sólo espíritus sin cuerpo, sino queremos tener un cuerpo celeste, inmortal, y que la posibilidad de morir otra vez sea eliminada para siempre.
e. Creemos que Dios nos creó para ese propósito y nos ha dado el Espíritu como garantía (arras).
f. Por lo tanto, confiamos sabiendo que es necesario estar ausentes de este cuerpo físico para estar presente con el Señor.
g. Porque andamos por fe y no por vista – hablando espiritualmente.
h. Repito, vivimos confiados y preferimos estar ausentes de este cuerpo y estar presentes al Señor.
i. Por lo tanto, procuramos que nuestras obras le sean agradables y aceptas al Señor en la tierra y en el cielo.
j. Porque es necesario que todos nosotros comparezcamos ante el tribunal de Cristo para que cada uno reciba según lo que haya hecho mientras estaba presente en el cuerpo, sea bueno o malo.

5. Escribir el pasaje usando "la primera persona" (2 Corintios 5:1-10):
   a. Porque sé que si **mi** morada terrestre, este tabernáculo, se deshiciere, **tengo** de Dios un edificio, una casa no hecha de manos, eterna, en los cielos.
   b. Y por esto también **gimo**, deseando ser revestido de aquella **mi** habitación celestial;

c. Pues así **seré** hallado vestido, y no desnudo.
d. Porque asimismo si estoy en este tabernáculo gimo con angustias; porque no quisiera ser desnudado, sino revestido, para que lo mortal sea absorbido por la vida.
e. Mas él que me hizo para esto mismo es Dios, quien me ha dado las arras del Espíritu.
f. Así que vivo confiado siempre, y sabiendo que entre tanto que estoy en el cuerpo, estoy ausente del Señor
g. (porque por fe ando, no por vista);
h. Pero confío, y más quisiera estar ausente del cuerpo, y presente al Señor.
i. Por tanto, procuro también, o ausente o presente, serle agradable.
j. Porque es necesario que yo comparezca ante el tribunal de Cristo, para que yo reciba según lo que yo haya hecho mientras yo estaba en el cuerpo, sea bueno o sea malo.

6. Hay que memorizar o el versículo siete o diez.

CAPÍTULO SEIS
CÓMO ESTUDIAR USANDO EL MÉTODO DE MEDITACIÓN

Las Escrituras dicen mucho acerca de la "meditación." El Salmo 1:2 describe al hombre que medita en la Palabra de Dios de día y de noche y las bendiciones que resultan de su meditación.

Uno de los métodos de más beneficio para el estudiante de la Biblia es el de escoger un versículo y meditar sólo en ese versículo, y apuntar cada pensamiento que tenga al hacerlo. Las sugerencias que siguen pueden servir de ayuda.

1. Hay que apuntar cada pensamiento que le venga a la mente, aun el más obvio. No hay que omitir ninguno, aunque le parezcan demasiado sencillos. Las enseñanzas obvias de un versículo a menudo sirven de fundamento para la resolución de problemas que se surgen después. También lo que le parece a usted muy obvio puede ser una verdad desconocida a otra persona menos experimentada en la vida cristiana. No hay que ignorar o pasar por alto lo que puede ayudar a otro.
2. Hay que limitar su atención al versículo específico que usted esté estudiando. Probablemente pensará en otros versículos, pero es importante disciplinarse y concentrar sus pensamientos en sólo un versículo a la vez.

CAPÍTULO SEIS

3. Si el versículo le estimula el interés en un tema en otro pasaje de las Escrituras hay que anotar y apuntar eso en una hoja aparte, para que lo pueda estudiar en otro momento. Lo mismo puede suceder al estar buscando las palabras hebreas y griegas en la concordancia. Es mejor consultar comentarios bíblicos, estudiar las palabras y otros materiales sólo después de anotar toda conclusión que resulte de su meditación del versículo.
4. Hay que evitar "ideas preconcebidas" en cuanto al significado del versículo. Deje que la Escritura le hable a usted y no usted a la Escritura.
5. Asegúrese de que sus pensamientos y conclusiones no contradigan el mensaje general de las Escrituras como un total. Hay que recordar que Dios es inmutable (Malaquías 3:6) y que su Palabra jamás se contradice (Gálatas 3:17).
6. Su meditación debe ocupar un período extendido. Muchas veces nuestras experiencias nos ayudarán a entender mejor la enseñanza del versículo, especialmente si obedecemos la enseñanza. Se nos enseña en Hebreos 5:14 que si practicamos o usamos la Palabra de Dios, "por ese uso tenemos los sentidos ejercitados en el discernimiento del bien y del mal," esto es, poder discernir el significado de la Palabra de Dios y la aplicación correcta en la vida.
7. El predicador o el maestro puede organizar sus conclusiones en un bosquejo que puede servir para un mensaje o lección. El ejemplo que sigue puede

ayudar al estudiante a entender cómo mejorar este método.

Un Ejemplo del Método de Estudiar por Meditación: Salmo 119:71, "Bueno me es haber sido humillado, para que aprenda tus estatutos."

1. Este versículo tiene aplicación primaria al cristiano. "Bueno me es...": eso se refiere a David y él ciertamente era creyente.
2. La aflicción es buena para el creyente.
3. La aflicción permite al creyente aprender la Palabra de Dios.
4. Hay cosas en la Escritura que no pueden aprenderse aparte de la aflicción.
5. Este aprendizaje debe ser personal y experimental, dado que cualquiera persona puede memorizar la Escritura y comprender algo de su enseñanza.
6. Este aprendizaje debe ser más profundo que las enseñanzas más obvias de la Escritura, ya que cualquier cristiano puede leer la Biblia y ver lo que se enseña superficialmente, y eso sin aflicciones.
7. Dios puede tomar experiencias difíciles como la "aflicción" y obrar algo bueno de ellas. (Romanos 8:28)
8. Dios "originó" la aflicción, o la permitió con el propósito de que aprendamos su Palabra. Ni Satanás, ni el mundo, ni la carne pueden tener este propósito.

CAPÍTULO SEIS

9. Los estatutos de Dios son muy prácticos y deben aplicarse a las experiencias diarias, incluyendo las aflicciones.
10. Como se usa la palabra "tus" aquí, demuestra que David hablaba con el Señor, en comunión con Él.
11. Ya que lo anterior es cierto, esto es la reacción de un creyente sumiso. Sólo esta clase de cristiano podría ver la aflicción de esta manera.

Después de revisar estas conclusiones, uno puede ver fácilmente que son de tres categorías: los versículos 1, 10, y 11 hablan de una persona quien ha sufrido aflicciones; versículos, 2, 3, 4, 7 y 8 se refieren a la aflicción; versículos, 5, 6, y 9 tienen que ver con el aprendizaje. Por lo tanto, un bosquejo que podría usarse para predicar o enseñar seria así:

1. El Afligido
   A. El cristiano, ya que se usa la palabra "me" y eso se refiere a David.
   B. Se experimenta en comunión con Dios... se usa "Tus."
   C. Es una persona sumisa. Sólo esa clase de creyente podría reaccionar de esta manera.
2. La Aflicción
   A. Es algo bueno para el creyente.
   B. Nos permite aprender la Palabra de Dios.
   C. Se enseñan cosas que de otra manera no aprendería.
   D. Dios puede tomar la aflicción y obrar cosas buenas de ellas.

E. La aflicción se origina con Dios, o es permitida por Él, ya que el propósito de la aflicción, a veces, es que aprendamos la Palabra de Dios. Ni Satanás, ni el mundo, ni la carne podrían tener ese propósito.
3. El Aprendizaje
   A. Tiene que ser "experimental." Cualquiera puede intelectualmente memorizar las Escrituras y entender algo de su enseñanza.
   B. Este aprendizaje debe ser más profundo que las enseñanzas obvias de las Escrituras. Muchos creyentes pueden leer y entender la enseñanza superficial de las Escrituras, y eso sin "la aflicción."
   C. Los estatutos de Dios son muy prácticos, y deben aplicarse diariamente a las experiencias de los creyentes, incluyendo las de la aflicción o la humillación.

CAPÍTULO SIETE
CÓMO ESTUDIAR UNA PARÁBOLA

Porque hay una variedad de opiniones en cuanto a la definición de una parábola, y, además la importancia de los detalles de la parábola, será sabio considerar unas verdades referentes al tema (las parábolas) en general, antes de dar instrucciones sobre cómo estudiarlas.

Una parábola es, básicamente, "una comparación." Considere Marcos 4:30, *"Decía también: ¿A qué haremos semejante el reino de Dios, o con qué parábola lo compararemos?"* La palabra "comparar" (parábola) es la palabra griega *parábola*, normalmente traducida "parábola" y la palabra "comparar" o hacer semejante es del verbo correspondiente *parabolo*. También Cristo presentó muchas parábolas con la introducción, "El reino de los cielos es como..." Mateo 13:24, 35. Una tercera prueba es que varios de los escritos del Antiguo Testamento, que son llamados parábolas, demuestran que los profetas hicieron "comparaciones" de verdades o cosas.
   a. Números 23: 18-24, Israel se compara con el búfalo y el león.
   b. Salmo 40:4, 12, 20, El hombre es comparado con "bestias que perecen."
   c. Ezequiel 17:2, 12, Se compara el rey de Babilonia con un águila.

d. Ezequiel 20: 45-49, El juicio de Dios de Israel con el fuego.
e. Ezequiel 24:3, Se compara a Jerusalén con agua hervida.
f. Isaías 46:5, Aquí la palabra hebrea que se traduce "comparar" es la misma que en el Salmo 49:12, 20 es traducida "parábola."

Las parábolas no son ficticias como creen algunos. En Hebreos 9:9, el tabernáculo y sus ordenanzas son llamados "símbolos", la palabra que viene de la parábola griega *parabole*. En Hebreos 11:19 el sacrificio de Isaac es llamado "sentido figurado" y está expresión viene de la misma palabra griega. Ambos casos son hechos históricos y actuales (exactos) y no son ficción en ninguna manera. También Lucas 12:16-20 da la parábola del hombre rico, pero necio. El punto principal es que, en la parábola, Dios le llamó necio porque no había provisto para el futuro. ¡Dios, ciertamente no es personaje ficticio! La tercera prueba es que las palabras (expresiones) de Balaam son llamadas "parábolas" (Números 23:7, 18; 24:3, 15, 20, 21, 23). Éstas no pueden considerarse "ficticias" porque proceden de Dios (Números 23:5). Son declaraciones de doctrina y profecía, pero no son cuentas de hadas y ciertamente no son ficción.

Una parábola puede ser una historia tal como el relato del hijo prodigo de Lucas 15. Sin embargo, tales relatos o narraciones, considerando lo dicho anteriormente, tienen que ser verdaderos o reales.

CAPÍTULO SIETE

Algunas veces una parábola se da en la forma de un proverbio. La palabra hebrea que se traduce "parábola" 18 veces, se traduce "proverbio" 19 veces. Que esta palabra equivale la palabra del Nuevo Testamento se ve porque en Mateo 13:35, que Cristo cumplió la profecía del Salmo 78:2 cuando enseñó usando parábolas. Además, la palabra griega *parabole* se traduce "proverbio" en Lucas 4:23. Unos ejemplos en el Nuevo Testamento de parábolas en forma de proverbios se hallan en Lucas 6:39 y Marcos 3:23-27.

A veces a una institución o a una experiencia se los llaman "parábolas" como se ha mencionado ya en Hechos 9:9 (el tabernáculo) y 11:19 (el sacrificio de Isaac).

Las parábolas se diseñan para enseñar doctrina, pero eso es un hecho que se niega a veces. Sin embargo, todas las palabras (expresiones) de Balaam son llamados parábolas. Definitivamente enseñan doctrina. (Hay que ver otra vez el tercer párrafo de este capítulo.) También el Salmo 78:2-4 muestra que el propósito de las parábolas del Antiguo Testamento era enseñar al pueblo la verdad en cuanto a Dios. Y, Mateo 15:10-11 definitivamente enseña la doctrina que el corazón del hombre es depravado, sin embargo, es llamado parábola en el versículo 15. El pasaje paralelo, Marcos 7:14-23, da aún más. Otros ejemplos son Marcos 4:21-22, 33-34; Lucas 8:16 y 11:33.

Basándose en estos hechos, se puede presentar una definición de una parábola: una parábola es una "comparación de algo físico o materia y una verdad espiritual," diseñada para enseñar doctrina y obediencia. Puede presentarse en forma de una "narración, un proverbio, o una referencia a un evento una institución."

Podemos interpretar correctamente las parábolas halladas en las Escrituras siguiendo estas sugerencias:

1. Primero, hay que hallar y declarar la lección principal de la parábola. Algunas veces eso se da al principio de la parábola y otras veces al final, como en Lucas 18:1, 9 y 7:41-42, 47. Otras veces será necesario discernir la lección por medio del estudio cuidadoso de la parábola, tomando en cuenta el contexto, especialmente la clase de individuos a quienes el Señor hablaba.
2. Hay que hallar el significado de cada detalle de la parábola comparando Escritura con Escritura, como significa obviamente la enseñanza de 1 Corintios 2:13. Hay que recordar que la definición básica de la palabra parábola es "comparación." El hecho de que los detalles son de mucha importancia y deben entenderse si hemos de lograr el significado correcto, se ve en la explicación que Cristo dio de los detalles de las dos primeras parábolas de Mateo 13:18-23 y 37-43; y también en Mateo 15:17-20, ÉL explicó los detalles de la

CAPÍTULO SIETE

parábola que ÉL dio en los versículos 10-11. Si recordamos que el hombre debe vivir "de toda palabra que sale de la boca de Dios," (Mateo 4:4), nos daremos cuenta que hemos de poner atención a cada palabra de las parábolas de Cristo.

Lo importante a recordar es el significado simbólico de un detalle se entenderá con el estudio de pasajes paralelos. No debemos depender de "nuestra imaginación," aun cuando a nosotros nos parezca muy razonable. También debemos recordar obligar que los detalles amplifiquen y expliquen la lección principal. A continuación, damos un ejemplo:

Un Ejemplo de Estudiar una Parábola: Mateo 13:44

1. La lección principal se ha aprendido con el estudio de los detalles (párrafos que siguen) y con la consideración del hecho de que todas las parábolas de este capítulo describen la presente época cuando Satanás está obrando (versículos 19, 39). La lección es: Que Cristo ha "comprado" al mundo y Él preserva a Israel a través de los siglos, a pesar de rechazarlo.

2. Detalles:
   a. El "tesoro" representa a Israel. En Éxodo 19:5, Dios dice, referente a Israel, "Ahora, pues, si diereis oído a mi voz, y guardareis mi pacto, vosotros seréis mi especial tesoro sobre todos los pueblos; porque mía es toda la tierra." Esto

es cierto, a pesar de que ellos no cumplieron las condiciones de Dios dadas a Israel en este versículo. El Salmo 135:4 anota el hecho de que después de 400 años, Dios, en Su gracia dice, "*Porque **JAH** ha escogido a Jacob para sí, a Israel por tesoro (peculiar) suyo.*"

b. El campo (Mateo 13:38) es el mundo, como explicó Cristo cuando dio el significado de los detalles de la semilla y de la cizaña.

c. Cuando el hombre esconde el tesoro, es un cuadro de Dios preservando a Israel, un milagro seguramente. Aún los incrédulos han reconocido esta situación especial referente Israel. Nunca, una raza de gente, ha sido esparcida por el mundo, y ha preservado su cultura y manera de vivir. Aunque muchos orientales y negros viven en muchos países, ellos han sido absorbidos o han sido asimilados en esas comunidades y han adoptado las costumbres y religiones de esas naciones adoptivas, incluyendo el idioma. Los judíos, en combio, han mantenido su religión, sus costumbres y su idioma, como también su amor por su tierra. Nuestra generación ha tenido el privilegio de ver el cumplimiento de la profecía en cuanto a su regreso y de la toma de posesión de su tierra a pesar de tremenda oposición y obstáculos del mundo. Todo eso es el cumplimiento de pasajes como Amós 9:8-9; Ezequiel 36:24; y Ezequiel 37.

CAPÍTULO SIETE

d. El gozo del hombre es el resultado de haber vendido todo lo que él tenía y haber comprado el campo. Se nos dice en 1 Corintios 6:19 que fuimos comprados por precio; 1 Pedro 1:18-19 nos dice cuál fue el precio: la sangre preciosa de Cristo. Fue en la cruz que el Hijo del Hombre hizo su compra. Primera de Juan 2:2 claramente declara que Él es la propiciación por los pecados de todo el mundo; Él sí compró el campo.

Sin embargo, uno de los versículos más sublimes en toda la Biblia, referente la cruz se halla en Hebreos 12:2, donde leemos que Cristo, "por el gozo puesto delante de Él sufrió la cruz". Sin duda, el gozo a que se refería era aquél que Él experimentaría al redimir a la humanidad y al satisfacer a Dios por los pecados de los hombres (Isaías 53:11). ¡Cuán grande es Su amor! ¡Cuán incomprensible que Él podía amar a los pecadores que le rechazaron y que resistían sus esfuerzos por llamarlos a sí mismo! ¡Cómo debemos agradecer a Dios por Su amor eterno (Jeremías 31:3) y recordar que el amor que Él nos tiene no es merecido, así como el amor que tiene para Israel!

e. Cuando el Señor Jesucristo vendió todo lo que tenía, seguramente sacrificó todo lo que era precioso para Él; Él fue desamparado por Sus amigos (Mateo 26:31); siendo Santísimo, por nosotros se hizo pecado (2 Corintios 5:21); pero más que cualquiera otra cosa, la comunión que gozaba con el Padre fue afectado, y por primera vez en toda la eternidad, Dios le tuvo que dar las espaldas. Cristo clamó en la cruz, "Dios mío, Dios mío, ¿porque me has desamparado? (Mateo 27:46). Quizás al estar en el cielo aprenderemos la profundidad y el valor del precio que Él pagó por nuestra redención.

CAPÍTULO OCHO
CÓMO ESTUDIAR A LOS PERSONAJES BÍBLICOS

1. Hay que distinguir entre los individuos que tienen el mismo nombre. ¿Cuántos hay con el nombre Simón o María, etc.? El hombre Daniel que fue echado a los leones no es el mismo que fue hijo de David (1 Crónicas 3:1), dado que hubo 400 años de diferencia entre ellos.
2. Hay que averiguar todos los nombres de un individuo. Pedro también es llamado Simón, Cefas. Al comparar las tres listas de los doce discípulos, aprendemos que dos de ellos tuvieron nombres múltiples: Judas, Lebeo Tadeo y Simón el Zelote, el Canonista. Podemos aprender todos los nombres de una persona al estudiar los pasajes paralelos de la Escritura, o usando un diccionario bíblico o compendio manual bíblico o una enciclopedia bíblica.
3. Hay que buscar el "significado" del nombre, nombres o títulos de un individuo. Esta información puede hallarse en los libros mencionados arriba. Algunas veces la Escritura da esta clase de información como en Génesis 29:32-35; 30:6, 13, 20, 24. Véase Hebreos 7:2.
4. Hay que reunir información de todos los pasajes donde se menciona el individuo, también usando los manuales y otros libros mencionados arriba.

5. Haga una lista de los individuos importantes que tuvieron una influencia significativa en la vida de esas personas. Hay que anotar las referencias bíblicas donde se halla esa información.
6. Hay que hacer una lista de las características, buenas (honestidad, perseverancia, etc.) y malas (egoísmo, irresponsabilidad, etc.) y las causas de esas características, si se conocen.
7. Una lista de los éxitos espirituales y no espirituales de esas personas, si se conocen.
8. Una lista de los fracasos de los individuos, si hay, y las causas.
9. Hay que anotar si un individuo es un "tipo" de Cristo, y de qué manera. Por ejemplo, Deuteronomio presenta a Moisés como un tipo de Cristo. Tenga cuidado de no exagerar y buscar hacer que un individuo se compare con Cristo en cosas no válidas. Hay que usar la Escritura para mostrar las similitudes, y tener en cuenta las sugerencias dadas en el capítulo de este libro sobre "tipos." El beneficio de esto es recordarnos de cómo podemos "ser como Cristo." En ningún momento pensamos "ser otros cristos." Sí, debemos desear glorificarle a Él "conformandonos a su imagen."
10. Hay que averiguar si el individuo tuvo una influencia significativa en la vida de otra persona importante, o en un grupo de personas, tal como una ciudad o una nación. Esa influencia podría ser buena o mala.

11. Haga una lista de todos los eventos (o crisis) en la vida del individuo, como su conversión, llamamiento al ministerio, su caída y restauración, su visión de Dios, etc., y lo que quizás hubiera sido la causa de tales eventos o crisis.
12. Anote los obstáculos que el individuo superó y como lo hizo.
13. Dé al individuo un "título" digno. Ejemplos: Abraham era "amigo de Dios" (Santiago 2:23); David fue el "Dulce Cantor de Israel (2 Samuel 23:1). Si la Escritura da un título, hay que usarlo. Si no, puede dar uno usted mismo.

El Ejemplo del Estudio de un Personaje Bíblico: Bernabé

1. Sólo una persona en la Escritura se llamaba Bernabé.
2. Sus padres lo llamaron José (Hechos 4:36) pero los apóstoles le pusieron por sobrenombre Bernabé (Hijo de Consolación).
3. José quizás era el equivalente griego del nombre hebreo José (Génesis 30:24). Bernabé significa: "hijo de consolación" según Hechos 4:36. Ayuda recordar que la palabra "consolación" tuvo una definición más amplia cuando la Biblia *King James* se tradujo: la palabra griega se traduce "consuelo" (Romanos 15:4), "exhortación" (Hechos 13:15), y "ruegos" (2 Corintios 8:4). Así que, significa "animar y rogar."

4. Estos son los pasajes que lo mencionan: Hechos 4:36; 9:27; 11:22, 25, 30; 12:25; 13:1, 2, 7, 43, 46, 50; 14:12, 14, 20; 15:2, 12, 22, 25, 35, 36, 37, 39; 1 Corintios 9:6; Gálatas 2:1, 9, 13; Colosenses 4:10.
5. Los que fueron de mucha influencia:
   a. Los apóstoles. Ellos le dieron el sobrenombre Bernabé, (Hechos 4:36). A partir de ese momento sólo fue conocido con ese nombre.
   b. La Iglesia de Jerusalén lo envió a Antioquía (Hechos 11:22) y de allí el Espíritu Santo le envió a trabajar en misiones.
   c. Los representantes de Jacobo lo influenciaron negativamente (Gálatas 2:12-13).
6. Las características de él:
   a. No era "egoísta" (Hechos 4:36-37; 14:13-15; 15:26)
   b. Considerado de los que fueron rechazados por otros (Hechos 9:27)
   c. Animaba a nuevos creyentes (Hechos 9:27; 11:23, 25-26; 14:21-23)
   d. Digno de confianza: Eso se ve por el hecho de que fue enviado de Jerusalén a Antioquía para investigar la situación allá (Hechos 11:22). Hay que ver y comparar 11:29-30; 12:25; y 15:2, 22.
   e. Poseía discernimiento espiritual y por lo tanto, pudo discernir la gracia de Dios en las vidas de los cristianos de Antioquía (Hechos 11:22)
   f. Varón bueno (Hechos 11:24)
   g. Lleno del Espíritu Santo (Hechos 11:24)
   h. Lleno de fe (Hechos 11:24)

CAPÍTULO NUEVE

   i. Ganador de almas (11:24)
   j. Fiel (11:26, "un año;" 15:2)
   k. Maestro (Hechos 11:26; 13:1, y posiblemente un profeta)
   l. Espiritual (Hechos 13:2)
   m. Hablaba con "denuedo" (Hechos 13:46)
   n. Persuasivo (Hechos 14:1)
   o. Impresionante en cuanto a su persona; fue llamado "Júpiter" (Hechos 14:12)
   p. Daba cuenta a la Iglesia (Hechos 14:27; 15:12)
   q. Determinado; no cedía fácilmente (Hechos 15:37-39)
   r. Débil, en una ocasión (Galatas 2:13, donde "disimulación" o ocultar significa hipocresía;la palabra griega se traduce así en Mateo 23:28, y en otros pasajes.)
7. Victorias:
   a. Probablemente había logrado el éxito como hombre de negocio. Era dueño de propiedades (Hechos 4:37).
   b. Logró convencer a los apóstoles de la sinceridad de Pablo (Hechos 9:27).
   c. Con Pablo, enseñó a los creyentes de Antioquía a vivir una vida para Cristo. Los paganos lo reconocieron (Hechos 11:26). También, lograron establecer muchas iglesias durante sus viajes como misioneros.
   d. Persuadió a Marcos a seguir sirviendo, aún después de haber fallado y dejado la obra misionera (Hechos 13:13; 15:38-39). Más tarde,

Pablo testifica del éxito de Juan Marcos en Colosenses 4:10 y 2 Timoteo 4:11.
8. Fracasos:
Sólo una se menciona uno en la Escritura (si no se considera su discusión con Pablo en Hechos 15:36-39): La situación en Antioquía cuando él se identificó con la hipocresía de Pedro y otros cuando rehusaron comer con los creyentes gentiles (Gálatas 2:12-13). No se especifica lo que produjo este fracaso; sólo podemos imaginar que él temía a los representantes de Jacobo. Él no había demostrado esa clase de reacción en otras ocasiones (Hechos 13:46 y 15:2).
9. Bernabé no era un "tipo de Cristo."
10. Él ejerció mucha influencia:
   a. Con los apóstoles, cuando él los convenció recibir a Pablo (Hechos 9:27)
   b. Con Pablo (Hechos 9:27, insinuado), (Hechos 11:25-26) cuando lo persuadió acompañarle a Antioquía, de donde el Espíritu Santo le envió a la obra misionera
   c. Con la Iglesia de Antioquía (con Pablo) Hechos 11:26
   d. Con la Iglesia de Jerusalén (Hechos 11:22; 15:25)
   e. Con su sobrino, Juan Marcos (Colosenses 4:10) a que viajara con él y Pablo en el ministerio (Hechos 12:25; 13:5); más tarde con él sólo (Hechos 15:39). ¡Interesante, que los dos hombres con quienes él tenía más influencia,

escribieron, por inspiración divina, más de la mitad del Nuevo Testamento!
11. Eventos o crisis:
    a. No se relata su conversión
    b. La venta de su propiedad y la donación del dinero (Hechos 4:36)
    c. Su llamamiento a la obra misionera (Hechos 13:1-4)
    d. El desacuerdo con Pablo (Hechos 15:39), probablemente causado porque él quería vehementemente que Juan Marcos volviera al servicio cristiano
    e. La controversia en Antioquía en cuanto a comer con los creyentes gentiles (Gálatas 2:12-13); vea el punto 8, los fracasos
12. Los obstáculos superados:
    a. La indecisión de los apóstoles a aceptar a Pablo. Él superó esa situación al demostrar que Pablo se había convertido y predicaba. Evidentemente había investigado a Pablo (Hechos 9:27).
    b. Superó la oposición de los creyentes-Fariseos (Hechos 15: 1-5). Él y Pablo superaron esa oposición al testificar fielmente (con persistencia) en cuanto a lo que Dios había hecho en la salvación de los gentiles, además de los de la circuncisión.
    c. Juntamente con Pablo, superaron mucha oposición durante sus viajes misioneros al ser fieles.
13. Su Título:

"Hijo de consolación" (Hechos 4:36), o él que consuela, anima, o el héroe no proclamado (poco conocido) del Nuevo Testamento.

CAPÍTULO NUEVE
CÓMO ESTUDIAR PARA SERMONES

El predicador que ha de obedecer el mandato de 2 Timoteo 4:2 ("Que prediques la Palabra"), debe esforzarse en desarrollar una mente de predicador que encuentra sus temas para mensajes y bosquejos en la Escritura. Los predicadores son diferentes, de acuerdo con sus estilos de predicar dados por el Señor, pero hay ciertas cosas que pueden ser provechosas para todos.

Se puede hallar un bosquejo para un mensaje o más, al buscar y anotar frases repetidas en un capítulo o un libro de la Biblia, como:
1. *¿En qué...?* Malaquías 1:2, 6, 7; 2:14, 17; 3:7, 8, 13
2. *¡Ay de vosotros, escribas y fariseos, hipócritas...!* Mateo 23:13, 14, 15, 23, 25, 27, 29. Note también, *¡Ay de vosotros, guías ciegos!* 23:16, 17, 24, 26.
3. *El que tiene oído, oiga lo que el Espíritu dice a las iglesias...* Apocalipsis 2:7, 11, 17, 29; 3:6, 13, 22.
4. *Al que venciere...* Apocalipsis 2:7, 11, 17, 26; 3:5, 12, 21.
5. *Confía en Jehová... Deléitate... Encomienda a Jehová tu camino... Guarda silencio ante Jehová...* Salmo 37:3-7.

Otra cosa que arroja luz que uno puede hacer, es considerar el orden de las palabras o frases que se hallen:

1. Las palabras "gracia y paz" siempre aparecen en este orden en las salutaciones de Pablo en sus cartas. Así aprendemos que la gracia produce paz y la paz es resultado de la gracia. Haga una comparación de Efesios 2:8 y Romanos 5:1, como ejemplo. Busque otros versículos que mencionan la gracia y la paz para ver su relación y orden.

2. Hay tres frases en Filipenses 3:10: El *poder de su resurrección* es victoria sobre el pecado (Romanos 6:9-10), y seguramente es un requisito antes de poder conocer *la participación de sus padecimientos y llegar a ser semejante a él en su muerte.*

3. Marcos 7:*6-13* revela cuatro pasos hacia abajo que resultaron en que los Fariseos *invalidaron el mandamiento de Dios.* Estos pasos son progresivos, comenzando con la actitud del corazón (v. 6) y siguiendo por los versículos 7, 8, y 9 con el resultado trágico descrito en el versículo 13.

4. *Luz y escudo...*Salmo 84:11 muestra que el Señor de necesidad, debe ser nuestro Sol, antes de que pueda ser nuestro escudo; debemos tener Su luz antes de esperar que Él nos proteja. También debemos tener su gracia antes de poder experimentar su gloria.

5. Hebreos 7:2 enfatiza un orden cuando dice que Melquisedec era primero el Rey de la justicia y después el Rey de paz. La justicia se muestra antes de la paz. Debemos tener la "justicia de Dios" antes de poder tener paz con Él.
6. Hay que ver también Santiago 3:17, donde el orden de las cosas es otra vez importante; La sabiduría que *es de lo alto es primeramente pura, y luego pacífica...*

Es también de ayuda buscar las maneras que se usan para describir a una persona o una cosa, o en un capítulo, o en el contexto general de la Escritura:
1. Hechos 15 dice que hacerse un cristiano es ser "salvo" (v.1), "la conversión" (v.3), "oír la palabra del evangelio y creer" (v. 7); vea también los versículos 9, 11, 14, 17, 18, y 19 para otras descripciones.
2. El Salmo 59 habla de Dios de siete maneras; vea los versículos 1, 3, 5, 10, 11, 13, y 17.
3. El infierno se describe en varios pasajes como fuego, horno de fuego, lago de fuego, fuego y azufre, oscuridad absoluta, la muerte segunda, y el cáliz del vino del ardor de su ira.
4. 1 Timoteo 2:1 usa cuatro palabras para referirse al llamamiento de Dios.
5. Cristo tiene muchos nombres y títulos en la Escritura; Simiente de mujer, Siloh (Génesis 49:10,), etc.

Al leer repetidamente un capítulo encontrará varias categorías de pensamiento.
1. Filipenses 3:4-9 describe el pasado de Pablo, mientras los versículos 10-19 hablan de su presente y los versículos 20-21 hablan de su futuro.
2. La obra de cada Persona de la Trinidad en cuanto a nuestra salvación se ve en Efesios 2. Los versículos 1-10 hablan del Padre, los versículos 11-18a refieren al Hijo, y 18b-22 describen la obra del Espíritu Santo.

Buscar un pasaje de "causa y efecto" puede ser muy beneficioso:
1. 2 Pedro 1:5-7 da una lista de siete cosas que deben añadirse a la fe de cada creyente; el versículo ocho da los resultados de hacerlo, mientras que el versículo nueve muestra lo opuesto, y los versículos 10-11 dan un resumen de la situación.
2. La relación entre la causa y el efecto es obvia en 2 Timoteo 2:11-13. También se puede comparar Romanos 10:9, 13, etc.

Al leer un mandamiento o una exhortación, nos podemos preguntar, "¿Cómo puede hacerse esto?" Por ejemplo; ¿Cómo podemos obedecer Santiago 4:8, *Acercaos a Dios...*"? Luego al buscar la palabra clave, *acercaos,* y varios sinónimos, hallaríamos otros pasajes que dan la respuesta.

CAPÍTULO NUEVE

1. Hebreos 7:19 dice que nos acercamos a Él por una mejor esperanza que Él introdujo por Cristo, quien es mejor sacerdote (vea el contexto). En otras palabras, nos acercamos a Dios al ser salvos por nuestro Señor Jesucristo. Un pasaje paralelo es Efesios 2:13, "Pero ahora en Cristo Jesús, vosotros que en otro tiempo estabais lejos, habéis sido hechos cercanos por la sangre de Cristo."
2. Luego entonces, el cristiano puede acercarse con "un corazón sincero en plena certidumbre de fe, purificados nuestros corazones de mala consciencia y lavados los cuerpos con agua pura" (Hebreos 10:22).
3. Malaquías 3:7 y el contexto del versículo muestra que ellos se habían apartado de Dios al desobedecer a sus ordenanzas; por lo tanto, acercarse a Él o volver a Él se logra obedeciendo sus mandamientos y ordenanzas.
4. Génesis 18:23 muestra que Abraham se acercó a Dios por interceder por Lot.
5. Luego recibimos una precaución en Mateo 15:7-9 que no debemos acercarnos a Dios de una manera hipócrita. Debe ser de corazón y no sólo de labios.

Estas son algunas sugerencias de cómo buscar material para sermones mientras un lee la Palabra de Dios. Por supuesto, los otros "métodos" estudiados en este libro deben proveer material adicional para la preparación de mensajes.

CAPÍTULO DIEZ
CÓMO ESTUDIAR UN TEMA

1. Con una Concordancia, hay que hallar todos los pasajes que mencionan el tema, recordando lo siguiente:
   a. Hay que considerar los posibles sinónimos. Por ejemplo, si estudia la oración, hay que tomar en cuenta estas palabras: la suplicación, la intercesión, dando gracias, clamando a Dios, rogando a Dios. Un diccionario de sinónimos puede servir de mucha ayuda.
   b. Hay que considerar todas las formas de la palabra o frases. Si está estudiando "la oración" hay que recordar las otras palabras como; orar, orando, oraciones, así como invocar, ruegos, etc.

   Además de una concordancia, hay otros libros que sirven de ayuda sobre las Escrituras que dan información sobre el tema:
   a. Las Biblias de "referencia' como de Scofield, Thompson, Nave's, etc.
   b. Diccionarios bíblicos
   c. Enciclopedias bíblicas
   d. *El Tesoro de Conocimiento de la Escritura*
2. Al leer la Escritura, hay que escribir una declaración breve de lo que enseña sobre el tema. Hay que limitar sus comentarios a su tema; no hay que intentar explicar todo el versículo. Como, por ejemplo, Marcos 11:25 enseña algo de Dios como

Padre. El versículo menciona el cielo, y se refiere a pecados, pero usted diría simplemente: "Cuando oramos, debemos perdonar." Quizás sea necesario leer el contexto para poder decidir lo que el versículo enseña en cuanto al tema.
3. Hay que organizar sus declaraciones bajo encabezados lógicos. Por ejemplo, usted podría organizar los versículos que hablen de "arrodillarse en la oración", "estar de pie en la oración", o "estar postrado en la oración"; todos esos bajo un encabezamiento, "Posiciones al orar."
4. Anote el pasaje o pasajes claves, si es posible.
5. Anote el personaje sobresaliente, o un ejemplo de su tema.
6. Hay que dar su propia definición del tema, basándose en lo que usted ha aprendido de la Escritura, recordando mantenerlo lo más sencillo posible e intente limitarlo a una oración.

Un Ejemplo de Estudiar con el Método Temático: El Ayuno

1. Todas las formas de la palabra: "ayunar", "ayunado", "ayunando" "ayunos", etc. Sinónimos: "no comer" "ni beber".
2. Toda la Escritura, con comentarios:
   Éxodo 34:28, Moisés ayunó 40 días y 40 noches, no comió ni tomó. Véase Deuteronomio 9:9, 18.
   Jueces 20:26, Israel ayunó en la casa de Dios porque fueron derrotados. Ayunar se asocia con el llanto, ofrendas y la oración.

1 Samuel 7:6, Israel se reunió, y ayunaron con ofrendas y confesando sus pecados.

1 Samuel 31:13, durante siete días; relacionado con la derrota de Saulo y el ejército de Israel. Compare 2 Samuel 1:12.

2 Samuel 12:16, David ayunó por su hijo enfermo.

2 Samuel 12:22, Ayunar relacionado con "llorar."

1 Reyes 19:8, Elías ayunó 40 días y 40 noches; él no necesitó alimentación – el ángel dio provisión.

1 Reyes 21:27, Acab ayunó con cilicio y ropa rasgada después de la profecía de Elías en cuanto a su muerte.

2 Crónicas 20:3, Un ayuno público proclamado a causa del ataque del enemigo.

Esdras 8:21, Ayuno público para afligirse y buscar a Dios.

Esdras 8:23, El ayuno fue recompensado.

Nehemías 1:4, Relacionado con el llorar, hacer duelo, y oración durante algunos días; era por la aflicción y afrenta del pueblo de Dios y Jerusalén.

Nehemías 9:1, Israel reunido en ayuno y cilicio, para observar la Fiesta de los Tabernáculos y separarse del pecado.

Ester 4:3, Ayuno público con gran luto y lamentación; con cilicio y ceniza a causa del decreto de Amán.

Ester 4:16, tres días sin comer o tomar algo para preparar la visita de Ester con el rey y que tuviera éxito al pedir liberación para los judíos.

Ester capítulos 5-7, El ayuno recompensado.

Salmo 35:13, David humilló su alma con ayunos, por causa de la enfermedad de su amigo, con cilicio y ceniza.

Salmo 69:10, David lloró, afligiendo con ayuno su alma.

Salmo 109:24, David debilitado a causa de ayuno.

Isaías 58:3, Israel ayunaba hipócritamente y preguntaba por qué Dios no les recompensaba y no les hacía caso cuando ayunaba. Ellos ayunaban y gozaban de placer sexual y trabajaban en el tiempo de ayunas. Compare Zacarías 7:5.

Isaías 58:4, Ellos ayunaban – por contiendas y debates… y para que "vuestra voz fuera oída en lo alto."

Isaías 58:5, En cama de cilicio y ceniza.

Isaías 58:6-7, El ayuno escogido por Dios: desatar las ligaduras de impiedad, soltar las cargas de opresión, y dejar ir libres a los quebrantados y romper todo yugo, dar comida a los hambrientos, dar alberques a los pobres, cubrir al desnudo, proveer para sus familias – tal ayuno sería recompensado.

Jeremías 14:12, Ayuno con ofrendas y oraciones, rechazadas por Jehová, porque no se arrepintieron.

Jeremías 36:6, 9, Se estableció un día de ayuno.

Daniel 6:18, El rey de Babilonia ayunó por Daniel, y se negó sueño y música.

Daniel 9:3, Relacionado con oración y suplicaciones, cilicio y ceniza, para buscar a Dios por el futuro.

Joel 1:14, El pueblo debía de programar un ayuno para buscar a Dios por el juicio venidero. Compare 2:15.

Joel 2:12, Mandado por Dios, con llanto, luto, y regreso a Dios.

Jonás 3:5, El pueblo de Nínive proclamó un ayuno porque creyeron el mensaje de Jonás en cuanto al juicio pronunciado, y así buscaron a Dios para que no los juzgara (v.9). Todos, desde el mayor hasta el menor de ellos ayunaron, incluyendo el rey, y aún los animales (5-7) cubiertos de cilicio y ceniza en oración (v.8) con arrepentimiento (v.8); no comieron, ni bebieron (v.7) y fueron recompensados (v.10).

Zacarías 8:19, Hubo tiempos de ayuno público.

Mateo 4:2, Jesús ayunó 40 días y 40 noches.

Mateo 6:16, El ayuno "hipócrita," austero, el rostro demudado, sólo era visto por los hombres y eso fue su recompensa.

Mateo 6:17, 18, Primero, el ayuno, debe celebrarse en secreto, y no para ser visto por los hombres, sino por Dios. Esta clase de ayuno no será visto por Dios, ni recompensado por Él.

Mateo 9:14, Los discípulos de Juan el Bautista y los fariseos ayunaron, pero no los discípulos de Jesús.

Mateo 9:15, Los discípulos del Señor Jesús no ayunaron porque Él estaba con ellos. Cuando Él

CAPÍTULO DIEZ

se ausentó, ellos sí ayunaron. Compare Marcos 2:18-20 y Lucas 5:33-35.

Mateo 15:32, La multitud ayunaba porque se les había terminado toda la comida durante los tres días que habían estado con Jesús. No fue un ayuno planeado, (Marcos 8:1-3).

Mateo 17:21, Es necesario ayunar con oraciones para poder "echar fuera ciertas clases de demonios que causaban que el endemoniado se hiciera daño físico." Compare Marcos 9:29.

Lucas 2:37, Ana servía a Dios con ayunos y oraciones de día y de noche en el templo.

Lucas 18:12, Un fariseo se jactaba de ayunar dos veces a la semana, mientras oraba en el templo.

Hechos 9:9, Pablo ayunó tres días con oración. Compare v. 11. Él esperaba instrucciones de Dios.

Hechos 10:30, Cornelio, gentil perdido, ayunaba y oraba. El ángel dijo que Dios había oído y recordaba sus oraciones y sus limosnas, pero no menciona el hecho de que él había ayunado (v.4, 31).

Hechos 13:2, Los profetas y maestros ayunaron y ministraban al Señor: El Espíritu Santo les habló entonces y les reveló su llamado de Bernabé y Saulo.

Hechos 13:3, Ellos ayunaron y oraron e impusieron las manos a Bernabé y a Saulo y los enviaron a servir como misioneros. Es obvio que ellos buscaban la bendición de Dios sobre ellos.

Hechos 14:23, Pablo y Bernabé oraron y ayunaron mientras ordenaron a los ancianos y los encomendaron al Señor.

Hechos 27:9, Se programó un tiempo de ayuno entre los paganos al terminar un tiempo de calma en el mar.

Hechos 27:33, Los marineros y soldados paganos ayunaron 14 días a causa de una tormenta.

1 Corintios 7:5, Los esposos pudieron negarse relaciones íntimas por un tiempo con el propósito de orar.

2 Corintios 6:5, Ayunar era la costumbre de los ministros de Dios. Compare v. 4.

2 Corintios 11:27, Pablo tenía la costumbre de ayunar frecuentemente; posiblemente significa "no comer" – según el contexto. No comer fue parte de una lista de cosas que él sufrió, confirmando que él era ministro de Dios.

3. El Estudio se organiza sistemáticamente bajo títulos:

   a. ¿Cómo era el ayuno?

   1) No comer o beber (Éxodo 34:28; Ester 4:16; Jonás 3:7)

   2) A veces se celebraba "públicamente" (Jueces 20:26; 1 Samuel 7:6; 2 Crónicas 20:3; Esdras 8:21; Nehemías 9:1; Ester 4:3; Jeremías 36:6, 9; Joel 1:14; 2:15; Zacarías 8:19)

   3) Con "oración" (Deuteronomio 9:18; Jueces 20:26; Nehemías 1:4; Salmo 35:13; Jeremías 14:12; Daniel 9:3; Jonás 3:8)

CAPÍTULO DIEZ

4) Con "llanto" (Jueces 20:26; 2 Samuel 12:22; Nehemías 1:4; Ester 4:3; Salmo 69:10; Joel 2:12)
5) Con "ofrendas" (Jueces 20:26; 1 Samuel 7:6; Jeremías 14:12)
6) Con "confesión de pecados" (1 Samuel 7:6)
7) Con cilicio y ceniza (1 Reyes 21:27; Nehemías 9:1; Ester 4:3; Salmo 35:15; Isaías 58:5; Daniel 5:3; Jonás 3:8)
8) Ropas rasgadas (1 Reyes 21:27)
9) Observando un día festivo (Nehemías 9:1)
10) Con arrepentimiento (Nehemías 9:1; Joel 2:12; Jonás 3:8)
11) Negarse (privarse) música y sueño (Daniel 6:15)
12) Cuando se ordenan misioneros y ancianos (Hechos 13:3; 14:23)

b. ¿Cuánto tiempo?
1) Cuarenta días y 40 noches (Éxodo 34:28; 1 Reyes 19:8; Mateo 4:2)
2) Siete días (Salmo 31:13)
3) Tres días (Hechos 9:9)
4) Varios días (Nehemías 1:4)
5) El tiempo necesario para producir "debilidad" (Salmo 109:24)

c. Personas que ayunaron
1) Moisés (Éxodo 34:28)
2) La nación de Israel (Jueces 20:26)
3) David (2 Samuel 12:16; Salmo 35:13; 69:10; 109:24)

4) Elías (1 Reyes 19:8)
5) Acab (1 Reyes 21:27)
6) Esdras (Esdras 8:21)
7) Nehemías (Nehemías 1:4)
8) Ester y Mardoqueo (Ester 4:3, 16)
9) Daniel (Daniel 9:3)
10) Rey de Babylonia (Daniel 6:18)
11) Gente de Nínive (Jonas 3:5-9)
12) Cristo (Mateo 4:2)
13) Los discípulos de Juan el Bautista (Mateo 9:14)
14) Los discípulos de los fariseos (Mateo 9:14; Lucas 18:12)
15) Ana (Lucas 2:37)
16) Pablo (Hechos 9:9)
17) Cornelio (Hechos 10:30)
18) Profetas y maestros en Antioquía (Hechos 13:1-2)
19) Paganos: soldados y marineros (Hechos 27:33)

d. ¿Por qué ayunaron?
1) Derrota (Jueces 20:26; 1 Samuel 31:13; 2 Samuel 1:12; Nehemías 1:4; Hechos 27:33)
2) Por un niño enfermo (2 Samuel 12:16; Compárese Salmo 35:13)
3) Comida provista por Dios (1 Reyes 19:8)
4) Juicio pendiente (1 Reyes 21:27, para buscar la misericordia de Dios; Ester 4:3; Joel 1:14; Jonás 3:5, 9)
5) El ataque de un enemigo (2 Crónicas 20:3)

CAPÍTULO DIEZ

      6) Para afligirse (Esdras 8:21; Isaías 58:3)
      7) Para buscar dirección de Dios (Esdras 8:21; Daniel 9:3; Hechos 9:9; 10:30)
      8) El éxito (Ester 4:16; Hechos 13:3)
      9) Humillar el alma (Salmo 35:13)
      10) Castigar el alma (Salmo 69:10)
      11) Por un amigo con problemas (Daniel 6:18)
      12) Falta de comida (Mateo 15:32; 2 Corintios 11:27)
      13) Servir a Dios (Lucas 2:37; Hechos 13:2)
      14) Dar evidencia de ser siervo de Dios (2 Corintios 6:4-5)
      15) Hipócritamente (Isaías 58:3-4, contienda y debate, gozándose de placer; Zacarías 7:5; Jeremías 14:12, no se arrepentían; Mateo 6:16-17; Lucas 18:12)

  e. ¿Cómo recompensó Dios el ayuno?
      1) No mandando juicio (1 Reyes 21:27-29)
      2) Proveyendo protección (Esdras 8:23)
      3) Dando favor con el Rey (Ester 4:16-53; Capítulo 7)
      4) Eliminando el juicio (Jonás 3:10)

  f. ¿Cómo ordenó Dios que se hiciera?
      1) Para ayudar a otros en necesidad (Isaías 58:6)
         a) Desatar las ligaduras de la impiedad
         b) Soltar las cargas de opresión
         c) Dejar libres a los quebrantados
         d) Romper todo yugo
         e) Dar de comer al hambriento
         f) Dar alberque en casa a los errantes

           g) Cubrir al desnudo
           h) No esconder de su hermano
        2) En secreto, ungiendo la cabeza y lavando la cara, para que otros no se den cuenta que está ayunado (Mateo 6:16-17)
        3) Por negarse los placeres físicos de la relación entre los esposos (1 Corintios 7:5) pero sólo por un tiempo limitado y con consentimiento mutuo
        4) Con oración
    g. Por qué debemos ayunar
        1) Cristo mandó hacerlo (Mateo 9:14-15)
        2) Para echar fuera cierta clase de demonios (Mateo 17:21)
        3) Por las mismas razones por las que ayunaron las gentes de los tiempos bíblicos; revise los puntos anteriores
        4) Cristo prometió que se recompensaría (Mateo 6:18)
4. El pasaje clave es Mateo 6:16-18.
5. El ejemplo personal del Señor Jesucristo (Mateo 4:2). Sí Cristo ayunó, ¿Cuánto más debemos nosotros?
6. Una definición: Ayunar es negarse comida y bebida, pero puede incluir otras cosas (Isaías 58:5-7 y 1 Corintios 7:5). ¿Por qué uno lo hace? Porque siente una necesidad especial de Dios en la vida, o en la vida de otra persona. **Nota:** Aunque una persona puede planear "un ayuno" lo más eficaz es, entregarse con tanta consagración a buscar a Dios que se le olvida comer, beber, etc.

CAPÍTULO ONCE
CÓMO ESTUDIAR UN "TIPO"

Aunque los "tipos" han sufrido ataques y abusos, no debemos ignorarlos, porque la Escritura claramente enseña que cosas, personas y eventos sirvieron para enseñar algo sobre personas, eventos, y cosas más grandes e importantes que vendrían en tiempos del Nuevo Testamento. Debemos evitar palabras vanas (tonterías) y errores doctrinales, al estudiar y aprender la verdad en cuanto a "tipos" y seguir las sugerencias que siguen, en cuanto a cómo estudiarlos.

Verdad #1: La Escritura enseña el uso de "tipos" y la tipología. Melquisedec fue un tipo de Cristo, "hecho semejante al Hijo de Dios" (Hebreos 7:3). Adán, el cual es llamado "figura del que había de venir" en Romanos 5:14, donde la palabra "figura" es la palabra griega *tupos*. Para aprender el significado hay que ver el siguiente párrafo.

Verdad #2: La palabra "tipo" es la palabra griega *tupos* que se traduce así:
    a. Ejemplo (Filipenses 3:17; 2 Tesalonicenses 3:9; 1 Timoteo 4:12)
    b. Modelo (Hechos 7:44)
    c. Figura (Romanos 5:14; Hechos 7:43)
    d. Forma (Romanos 6:17)
    e. Manera (Hechos 23:25)
    f. Patrón (Tito 2:7; Hebreos 8:5) (Ejemplo)

g. Imprimir (Juan 20:25, Imprimir o dejar una impresión de algo en otro, señal de los clavos)

Verdad #3: Hay varias clasificaciones de "tipos:"
    a. Personas (Adán, Romanos 5:14)
    b. Instituciones (el matrimonio, Efesios 5:22-23)
    c. Oficios (el sacerdocio, Salmo 110::4 y Hebreos 4:14-16)
    d. Eventos (la Pascua, 1 Corintios 5:7)
    e. Cosas (la serpiente de bronce, Juan 3:14)

Las sugerencias que siguen pueden servir de ayuda para que no hagamos interpretaciones necias y no-bíblicas.

1. Hay que nombrar "tipo" a la persona, cosa, evento divinamente ordenado, como el maná del cielo o cuando Moisés golpeó la roca o peña. Ningún evento ordinario o común como comer alimentos o ponerse el vestido se considera un "tipo." Ningún pasaje del Nuevo Testamento hace referencia a un evento mundano o común usando la expresión "tipo."
2. Hay que tener una Escritura que confirme la comparación que se hace. Ejemplo: "así como el (pan) maná descendió del cielo (Éxodo 16:4), así Cristo descendió del cielo (Juan 6:33, 38).
3. Si hay un pasaje del Nuevo Testamento que habla del "tipo" en detalle (más o menos) hay que considerar esto primero, y así evitar una doctrina equivocada. Por ejemplo, Romanos 5:12-21 para

Adán; Juan 6:31-58 para el pan (maná); Hechos 9:1-28 para el tabernáculo.
4. Hay que anotar los puntos de comparación, y los puntos de contraste también. El pasaje de Romanos 5:14, 15, 17, después de mostrar que Adán era un tipo de Cristo, sigue con varios puntos de contraste.
5. Hay que usar su conocimiento del Nuevo Testamento al leer repetidamente y meditar en los pasajes del Antiguo Testamento. Anote todas las comparaciones y contrastes. Luego consulte las referencias paralelas. Finalmente, se puede leer lo que otros han escrito en los comentarios y estudios sobre el tema de "tipos."

Uno no debe motivarse en el estudiar los tipos con la idea de descubrir una doctrina nueva o que parezca cosa "original." Al contrario, el motivo debe ser hallar en todas las Escrituras, todas las cosas y verdades referentes al Señor Jesucristo. Es para que podamos tomar su yugo y aprender de Él, aumentando el conocimiento en cuanto a Dios, y poder cosechar los beneficios descritos en pasajes como Salmo 19:7-11 y Filipenses 3:10-14.

Un Ejemplo de Estudiar un Tipo: Adán

Adán era "la figura" (tipo) de Aquel que había de venir (Romanos 5:14). Vemos en Adán varias comparaciones y contrastes en Romanos 5, confirmando que él era un tipo de Cristo.

1. Sus acciones afectaron al mundo (5:12; 2 Corintios 5:19). El pecado y la muerte entraron por un hombre (Adán). En 2 Corintios vemos *"que Dios estaba en Cristo reconciliando consigo el mundo..."* La vida vino con Cristo.
2. El don que vino por Cristo es mucho más significativo que la pena que vino por Adán (5:15).
3. Por un sólo pecado Adán trajo el juicio, y la muerte al mundo, pero Cristo trajo justicia... *"por la obediencia de uno, los muchos serán constituidos justos"* (5:19).
4. Por el pecado de Adán, "reinó la muerte" pero por la gracia de Cristo y Su justicia reinaremos nosotros (5:17).
5. Por el acto de cada uno, de Adán y de Cristo, se imputaron el pecado y la justicia, a toda la gente (5:17-18).

Viendo estas comparaciones y contrastes nos anima buscar otros en el "registro" de Génesis. En primer lugar, veamos las comparaciones.
1. Un principio único: Adán, del polvo de la tierra (Génesis 2:7). Cristo, del Espíritu Santo por medio de una virgen (Lucas 1:27, 35), hablando humanamente. Siendo Dios, Cristo no tuvo principio y no tendrá fin. ¡Gloria a Dios! (Miqueas 5:2).
2. Se dio a Adán dominio sobre toda la tierra (Génesis 1:26-28). Cristo tendrá dominio sobre toda la tierra al regresar, (Isaías 9:6-7) aunque en

realidad, Él tiene "toda autoridad" ya (Mateo 28:18).

3. Adán y su esposa debían de ser fructíferos y reproducirse (Génesis 1:28). Igual, Cristo y su esposa, la Iglesia (Romanos 7:4).
4. Adán debía sojuzgar toda la tierra (Génesis 1:28). Cristo hará lo mismo (1 Corintios 15:24).
5. Dios dio a Adán trabajo (Génesis 2:15). El Padre envió a Cristo con una obra especifica que completar (Juan 3:17).
6. Dios comisionó a Adán para que "labrara y guardara el huerto" (Génesis 2:15). Cristo "guarda" a todos los que el Padre le da (Juan 17:12).
7. Dios mandó a Adán (Génesis 2:16). Dios Padre, obviamente hizo lo mismo con Cristo. Cristo dijo; "… nada hago por mí mismo, sino según me enseñó el Padre…" (Juan 8:28).
8. Dios hizo una esposa para Adán (Génesis 2:18-25). Cristo también tiene una esposa (novia), la Iglesia (Efesios 5:25-33).
9. Adán tenía mucha inteligencia y sabiduría porque él pudo poner nombre todas las criaturas (Génesis 2:19-20); Cristo es más sabio que todos (Colosenses 2:3).
10. Adán sufrió una herida para que su esposa pudiera ser formado (Génesis 2:19-22). Por las heridas de Cristo (Isaías 53:5) nosotros podemos llegar a ser la "esposa" de Cristo, nuestro Salvador.

11. La esposa de Adán fue engañada y cayó en el pecado (1 Timoteo 2:14) y de la misma manera la "esposa" de Cristo tiene un corazón engañoso (Jeremías 17:9).
12. Adán, teniendo 33.5 años, pecó deliberadamente, según las implicaciones de 1 Timoteo 2:14. Cristo deliberadamente tomó nuestros pecados sobre sí mismo (1 Pedro 2:24).
13. Ya que Eva pecó, Adán pecó también (Génesis 3:6). Porque todos somos pecadores, Cristo "*se hizo pecado*," aunque nunca pecó (2 Corintios 5:21).
14. El pecado de Adán le trajo tristeza y sufrimiento. Porque Cristo tomó nuestros pecados. Fue conocido como el "hombre de dolores" (Isaías 53:3).
15. El pecado de Adán le separó de Dios (Génesis 3:23-24). Cuando Cristo "se hizo pecado por nosotros" hubo una separación entre Él y el Padre (Mateo 27:46).
16. El nombre de Adán se dio a su esposa (Génesis 5:2). También se ha dado el nombre de Cristo a nosotros, los que somos de su Iglesia, su esposa (1 Pedro 4:16).
17. La imagen de Adán fue dada a su hijo (Génesis 5:30). De esta manera, los creyentes, seremos conformados a la imagen de Nuestro Señor y Salvador, Jesucristo (Romanos 8:29).

Ahora Los Contrastes:

CAPÍTULO ONCE

1. Adán fue creado a la "imagen" de Dios (Génesis 1:26-27). Toda la plenitud de Dios mora en Cristo, corporalmente (Colosenses 2:9).
2. A Adán le fue dado un "paraíso," una tierra sin pecado y con ambiente perfecto (Génesis 2:8). Cristo vino a la tierra pecaminosa en extremo.
3. Mientras dormía Adán, su esposa fue formada por Dios (Génesis 2:21-22). La esposa del Cordero e Hijo de Dios, puede ser formada por su muerte; y se está formandose ahora (Efesios 5:25). Dios mediante, no falta mucho para que su Iglesia (esposa) sea completa.
4. Después de pecar, Adán se escondió de Dios (Génesis 5:25). Después de "convertirse en pecado" al tomar nuestro pecado sobre sí mismo, Cristo se presentó a Dios (Hebreos 9:12-14).
5. Adán echó la culpa por su pecado a Eva (Génesis 3:12), pero Cristo "llevó Él mismo nuestros pecados en su cuerpo..." (1 Pedro 2:24).
6. El pecado de "uno" trajo una maldición sobre la tierra y toda la humanidad, según Génesis 3:17. El sacrificio de Cristo por el pecado hizo posible que se quitara esa maldición (Génesis 3:15).
7. Tuvo que morir un animal inocente para que Dios pudiera hacer túnicas para Adán y Eva (Génesis 3:21), pero Cristo era el inocente Cordero de Dios que se sacrificó en nuestro lugar (2 Corintios 5:21).
8. La vida física de Adán terminó (Génesis 5:5), pero Cristo vive para siempre y reinará eternamente (Apocalipsis 1:18).

CAPÍTULO DOCE
CÓMO ESTUDIAR UNA PALABRA

1. Después de escoger una palabra (en español), hay que averiguar de cuál palabra hebrea o griega se ha traducido. Esto se logra por el uso de la Concordancia Exhaustiva De La Biblia de James Strong (Caribe). Asegúrese de buscar todas las formas de la palabra en español.
2. Haga una lista de todas las palabras españolas que se han traducido de la palabra hebrea o griega en la Escritura. Haga el esfuerzo de descubrir, por el contexto, por qué los traductores escogieron esa palabra antes de las otras palabras posibles.
3. Forme una definición basándose en lo que aprendió al seguir los puntos números uno y dos.
4. Anote lo que la Biblia enseña en cuanto a la palabra, tomando en cuenta cada versículo donde se usa, y también tenga en mente las preguntas que más se hagan de la palabra. Hay que recordar que una verdad puede enseñarse en varios versículos o pasajes. Anote la verdad sólo una vez, dando todas las referencias que la enseña. Busque cada palabra en español y el versículo que tiene el número Strong. Vea el ejemplo que sigue más adelante.
5. Busque formar la lista de información en la forma de un bosquejo que se pueda usar para enseñar a otros. La habilidad de hacer esto se logra estudiando los bosquejos de otras personas y con la práctica.

6. Anote en una lista los pasajes más importantes que traten la palabra o el tema, si lo hay.

Un Ejemplo de Cómo Estudiar Una Palabra

1. La palabra "castigar o disciplina." Varias formas: castigar, castigado, castigando, castigo, etc.
2. Las palabras vienen del #3811 *paideuo* de la Concordancia de James Strong y se traduce "castigar", "disciplina", "instruir", "aprender"; y de #3809 *paideia*, traducida "castigo", "instrucción", "criar", o "nutrir." (Sólo se ha usado en el Nuevo Testamento porque varios versículos son comunes en ambos el Nuevo Testamento y el Antiguo Testamento; Job 5:17; Proverbios 3:11; y Hebreos 12:5). "Castigar" enfatiza el aspecto del castigo. "Enseñar", "aprende"r", "instrucción", y "nutrir" muestran que la meta no es que suframos, sino que experimentemos el aprendizaje.

   Al usar la Concordancia de Young aprendemos que las palabras griegas son *paideuo* y *paideia*. Aprendemos que *paideua* se traduce tres veces "castigar," "castigo" una vez, y "nutrir" una vez. *Paideuo* se traduce "castigar" seis veces y dos veces en otra forma de "castigar o disciplinar,"; "instruir" una vez; "enseñar" dos veces; "aprendido" una vez; y "aprender" una vez. Es necesario buscar todas estas palabras en la parte principal de la Concordancia, asegurándose de hallarlas en la sección de griego.

3. Una definición: Castigar es un acto de Dios por el cual Él usa varios métodos y experiencias, algunos no placenteras, para enseñarnos en sus caminos.
4. Lo que la Biblia enseña en cuanto a esta palabra:
   Apocalipsis 3:19, El Señor Jesucristo castiga o disciplina a los que Él ama. Véase Hebreos 12:6.
   1 Corintios 11:32, Él nos castiga para que no seamos condenados con el mundo.
   2 Corintios 6:9, Pablo fue castigado.
   Hebreos 12:10, Los padres terrenales nos castigaron según su placer/deseo, pero Dios lo hace para nuestro beneficio.
   Hebreos 12:7, Da evidencia de que "*somos hijos de Dios Padre*" (Véase v. 8).
   Hebreos 12:5, No debemos menospreciarlo. También se compara con ser "reprendido."
   Hebreos 12:11, No es causa de gozo, "*pero después da fruto apacible de justicia.*"
   Lucas 23:16, 22, Pilato castigó a Jesús.
   2 Timoteo 2:25, El pastor debe instruir con mansedumbre. Instruir es igual a castigar.
   2 Timoteo 3:16, La Escritura es útil para instruir (castigar).
   1 Timoteo 1:20, Dios usa a Satanás para enseñar a la gente a no blasfemar.
   Hechos 7:22, Moisés fue enseñado (castigado/instruido) en toda la sabiduría de los egipcios.
   Efesios 6:4, Los padres deben enseñar, castigar, y nutrir a sus hijos, dice el Señor.

CAPÍTULO DOCE

<u>Tito 2:12</u>, La gracia de Dios nos enseña a *"renunciar a la impiedad"*.
5. Un bosquejo que puede usarse para enseñar a otros:
   a. La definición de "castigar"
      1) Instrucción (2 Timoteo 3:16; Hechos 7:22; 22:3; Efesios 6:4)
      2) Castigo (Lucas 23:16, 22; Hebreos 12:5-11)
   b. Las diferentes formas de castigo
      1) Punitivo (David, 2 Samuel 12:10)
      2) Para prevenir (Pablo, 2 Corintios 12:7)
      3) Educativo (Job)
   c. Los métodos de aplicación
      1) Enfermedad y muerte (1 Corintios 11:30, 32)
      2) Satanás (1 Timoteo 1:20)
      3) Las Escrituras (1 Timoteo 3:16)
      4) La gracia (Tito 2:12)
   d. Las razones para "soportar la disciplina o el castigo" (Hebreos 12)
      1) La exhortación de las Escrituras (12:5-6); los versículos son una repetición de Proverbios 3:11-12
      2) Porque da evidencia de que somos hijos del Padre celestial (12:6-8) Nota: "Todo" del v.6. George Henderson decía, "Dios tuvo un hijo sin pecado, pero nunca tuvo un hijo sin sufrimiento."
      3) Porque nuestro Padre celestial es digno de más reverencia que nuestros padres terrenales (v. 9)
      4) Porque nos beneficia (v.10)

5) Porque nos capacita y nos permite participar en Su santidad (v.10)
   6) Porque da fruto apacible de justicia (v. 11); compare la preparación del campo: el arado, la siembra, el cultivo y la cosecha
e. Actitudes ante la disciplina (Hebreos 12)
   1) Olvidar (v.5); Por lo tanto, la necesidad de ver 10:25. Compárese 2 Pedro 3:1.
   2) Dice el Señor Henderson: "Ellos juzgaron a Dios por la presión (peso) de su mano, en vez de por la Palabra de sus labios."
   3) Desmayando (v.5); El versículo 3 es el remedio.
   4) Soportarla (v.7); El versículo proclama que "los hijos soportan la disciplina"; Versículo 1 nos exhorta a "correr con paciencia la carrera." Por lo tanto, vemos otra vez el tema de la epístola de Hebreos.
   5) Obedecer en sumisión y reverencia (v.9) para permitir que la disciplina produzca los resultados designados.
f. El pasaje principal: Hebreos 12:5-11.

CAPÍTULO TRECE
SUGERENCIAS ADICIONALES

Hay que designar un tiempo definido para estudiar la Biblia: un día, una hora específica y designar el tiempo que dedicará al estudio. Hay que usar sentido común en cuanto a cuánto tiempo pasar estudiando. No intente estudiar dos o tres horas si usted está comenzando. Una vez que comience, no permita que nada lo interrumpa; sólo una emergencia o algo que usted no pueda controlar.

Hay que aprender cuanto pueda sólo usando la Biblia y las herramientas presentadas en este libro, antes de leer los comentarios.

Anime a otro cristiano a hacer lo mismo al mismo tiempo y luego pueden comparar sus apuntes. Todos podemos aprender de otros. Varios creyentes que en serio desean estudiar la Biblia podrían formar un grupo y reunirse de vez en cuando para platicar y compartir sus apuntes.

Después de completar dos o tres de estos "métodos" de estudio, descubrirá que tendrá el deseo enorme de compartir lo que ha aprendido con otros. Usted puede compartir lo que ha aprendido con otro individuo. Esa es una buena manera de compartir su fe. Puede haber oportunidad de comenzar una clase o llegar a ser maestro de una clase ya establecida. Sería bueno buscar consejo del pastor de la Iglesia.

Si descubre algo que usted no entiende en este libro, hable con su pastor u otra persona, más madura.

Hay que leer Proverbios 2:1-5 y seguir su instrucción y mandamiento en cuanto a buscar a Dios y su sabiduría. Hay que buscarla como se busca la plata y los tesoros escondidos; luego usted experimentará el cumplimiento de la promesa del versículo 5.

"Entonces entenderás el temor de Jehová, y hallarás el conocimiento de Dios."

SOBRE EL TRADUCTOR

El Hermano Roberto (Bob) Green nació en 1943 en Florida, EE.UU. Sus padres, Bob C. and Edris Green, le llevaron a la First Baptist Church de Fort Pierce cuando tenía tres años de edad. El aceptó a Cristo como su Salvador Personal en la Fairlawn Baptist Church cuando tenía doce años. Teniendo 16 años de edad se entregó para predicar el Evangelio del Señor Jesucristo.

Sabiendo que debía prepararse para el ministerio, él fue a estudiar en Tennessee Temple College (TTC) en Chattanooga, Tennessee. Durante los últimos tres años de estudio él servía como pastor de la Way Side Baptist Chapel. En julio de 1965 se casó con Patricia Deitz Green. Patricia y Roberto sentían que Dios les estaba guiando a servir como misioneros. En diciembre de 1965 el Hermano fue ordenado como ministro del Evangelio. El Hermano salió graduado de TTC en 1967 y en ese año fueron aprobados como misioneros con la Misión Bautista Internacional (BIMI) para servir en Centro América.

Después de terminar de prepararse como piloto aviador y levantar el sostén económico para poder vivir en Centro América, Los Green salieron para estudiar en El Instituto de Idiomas en San Jose, Costa Rica en 1968. Desde 1969 hasta la fecha han servido en el ministerio de plantar iglesias en Centro América (La Iglesia Bautista Miramonte, San Salvador, El Salvador y El Tabernáculo Bautista de San Miguel, El Salvador) y han tenido varias responsabilidades (Director Asistente en EE.UU, Director de Ministerios de Aviación y Director de Candidatos) con BIMI. Además, han servido a Cristo enseñando en varios institutos bíblicos, en el ministerio de aviación misionera, y en ayudar a iglesias de habla Ingles establecer ministerios hispanos. Comenzaron y establecieron la Iglesia Bautista Getsemaní en Hendersonville, North Carolina antes de trasladarse a Chattanooga, Tennessee en 2003.

El Hermano Green recibió su Doctorado (D.MIN) en 2010. Actualmente sirve como Representante Para Ministerios Hispanos y Director de Ministerios de Aviación con BIMI. El Señor le ha dado numerosas oportunidades para predicar en iglesias hispanas en Los EE.UU y Centro América.

www.ingramcontent.com/pod-product-compliance
Lightning Source LLC
Chambersburg PA
CBHW060356050426
42449CB00009B/1755